Llano –
Vermittler zwischen den Welten
Gespräche mit einem Medizinpferd

Tanja von Salzen-Märkert

Llano

– Vermittler
zwischen den Welten

Gespräche mit einem Medizinpferd

Haftungsausschluss:

Die Autorin übernimmt keine Haftung für Folgen, die in Anlehnung an Vorschläge und Tipps, wie sie in diesem Buch beschrieben werden, entstehen. Alle Empfehlungen dienen ausschließlich der unterhaltsamen Erweiterung des/der Lesers/Leserin, dienen der möglichen Entwicklung von Wissen und Intuition und sind niemals als direkt zu übertragende Weisung für eine Handlung zu verstehen. Empfehlungen und Beispiele in diesem Buch ersetzen nicht die fachliche Analyse Ihrer Situation oder der Ihrer/s Pferde/s. Die direkte Übertragbarkeit wird hiermit ausdrücklich ausgeschlossen.

Copyright: Tanja von Salzen-Märkert, 2019
Gestaltung: Tanja von Salzen-Märkert
Covergestaltung und Foto: Tanja von Salzen-Märkert
Fotos Innenteil: Tanja von Salzen-Märkert

Druck und Veröffentlichung: epubli, Deutschland
Deutsche Nationalbibliothek, CIP Einheitsaufnahme
Die Deutsche Nationalbibliothek verzeichnet diese Publikation in der Deutschen Nationalbibliografie.

Detaillierte bibliografische Daten sind im Internet über http://dnb.ddb.de abrufbar.

„Llano" ≈ „mit jemandem auf einer Ebene sein"

Sobald das Herz fähig ist, alles zu akzeptieren, was sich ihm darbietet und sich spontan daran anzupassen vermag, wird Erfahrung zu Weisheit, einer Weisheit die die Kunst beherrscht, das Leben zu nähren.

E. Rochat de la Vallée

Inhalt

15.11.2018:

Tragende Freundschaft

Es ist der 15.11.2018. Ich stehe auf der Pferdeweide hinter dem Haus, direkt am Fluss, am Weidetor in der Nähe des Offenstalls mit den Pferden Molly, Saadeja und Llano. Es ist regnerisch, ein ungemütlicher, grauer Novembertag mit bedecktem Himmel. Vor einer Woche bin ich 43 Jahre alt geworden. Ich bin heute nachdenklich und ziehe das eine oder andere Resümee meines bisherigen Lebens. Vielleicht war das jetzt die Hälfte meines Lebens. Llano und ich kennen uns seit siebzehneinhalb Jahren. Was haben wir alles erlebt und gemeinsam gemeistert!

Llano ist ganz sanft und ruhig. Er steht neben mir und ich kann seinen Atem spüren und sehen, denn es ist recht kalt an diesem Morgen. Er wird immer ruhiger, so dass ich aufmerksam in die Situation hineinhorche. Nach einer Weile vernehme ich seine Stimme tief in mir. Es ist eine tiefe, männliche, ruhige und mir sehr vertraute Stimme. Unaufgeregt beginnt er auf gewohnte Weise, mit mir in Kontakt zu treten. Das macht er selten, da wir uns meist sehr gut ohne Worte verstehen. Ich weiß: Wenn Llano diese Art des Kontaktes zu mir sucht, habe ich zuzuhören, denn dann ist es ihm wichtig, dass ich alles verstehe. Also werde ich besonders aufmerksam und achtsam.

„Und, bist Du jetzt soweit?"

Mir schwant Übles. Vor fast elf Monaten vernahm ich diese Frage von meinem zu der Zeit einundzwanzig Jahre alten Pferd schon einmal. Er hatte sich zu der Zeit ein paar Tage auffällig benommen, forderte abwechselnd auf sehr aufdringliche Art jegliche Aufmerksamkeit ein und war dann wieder ganz unzugänglich, positionierte sich abseits auf seinem Paddock, den er zu der Zeit mit drei anderen Pferden teilte, und starrte trotz guter Gesellschaft mit weit geöffneten Augen in die Ferne.

Rückblick – 24.12.2017: Auf der Grenze

In der Phase unseres gemeinsamen Lebens hörte ich damals wieder nicht zu.

Ich war mit allerlei Dingen in meinem eigenen Leben beschäftigt. Ich fuhr an diesen Tagen nach der Arbeit eben bei den Pferden zum Füttern vorbei und wollte mich dann den Weihnachtsvorbereitungen widmen. Erst am dritten Tag, an Heiligabend, gelang es Llano, meine volle Aufmerksamkeit zu wecken. Er fraß wie gewohnt in seiner Lieblingsecke im Stall sein Futter. Es gab warmes Mash. Er war an dem Tag überaus schlecht gelaunt. So wie früher, als ich ihn das erste Mal sah. Es hatte drei Tage unaufhörlich geregnet und er hasste feuchtkaltes Wetter, das ihm selbst unter der dicken Winterdecke in die Knochen kroch. Er war dadurch getrieben von einem steten inneren, vor Unzufriedenheit strotzenden Druck, vor dem er anscheinend selbst am liebsten davon gelaufen wäre. Das machte ihn ungemütlich, hektisch und nervös. Und beim Fressen seiner geliebten warmen, abendlichen Mahlzeit geschah es dann. Er verschluckte sich vor innerer Hektik, bekam sein Futter nicht ganz hinunter und nun hing ein dicker Kloß in seinem Schlund. Eine Schlundverstopfung.

Ausgerechnet an dem Tag hatte ich mein Handy nicht mit am Stall, so dass ich die Wahl hatte zwischen Llano jetzt alleine zu lassen und zum nächsten Anwohner zu eilen, um den Tierarzt zu rufen, oder das, was auch immer es war, gemeinsam mit ihm durchzustehen und bei ihm zu sein, in meinem ureigenen Gottvertrauen, dass all das geschieht, was geschieht, um auf irgendetwas zu weisen und im Nu überwindbar wäre, wenn wir, vor allem ich, die Weisung verstehen würden. Im Kofferraum meines Pferdetherapie-Wagens waren allerlei Dinge, die ihm helfen konnten. Ich war mir sicher, dass, wenn die Hilfsmittel wirken können sollten, ich ihnen ihre Heilkraft in vollem Umfang und ohne Zweifel zugestehen musste. Genauso mir. Ich war damit konfrontiert, ob meine Fähigkeiten reichen würden, um ihm zu helfen. Ich fragte mich, ob ich mich öffnen könnte für den wahren lichtvollen, heilsamen Energiefluss und ob ich unter den Umständen der persönlichen Betroffenheit mein Ego so sehr loslassen könnte, um Llano wahrhaft dienlich zu sein, dass Großes geschehen konnte, was immer es auch sein sollte. All diese Fragen liefen in Windeseile in meinem Kopf ab. Ich entschied mich, Llano auf keinen Fall vor Schmerzen krampfend und sich immer wieder im Sand

wälzend allein zu lassen. Ich hatte den Eindruck, dass er jederzeit aufgeben und hinübergehen könne in das Jenseits, auf die „andere Seite". Mir war ganz schnell klar, wie ich handeln wollte. Mein Gang zum Wagen war schon schlimm genug für ihn. Er sah mir mit weit aufgerissenen, angsterfüllten Augen nach, krampfte, stöhnte mit vor Schmerz quietschendem Zwischenlaut mit schwindender Hoffnung. Ich vernahm ein „Geh´ nicht!" in meinem Innenohr. Dabei wollte ich uns nur schnell holen, was wir benötigen würden, um die Situation bestmöglich zu meistern. Entkrampfungsmittel, Akupunkturnadeln, Notfalltropfen, Magnesium. Nach wenigen Augenblicken war ich zurück. Währenddessen redete ich im Geiste zu ihm und entließ ihn nicht einen Moment aus meiner Aufmerksamkeit. Ich bat ihn um sein Vertrauen und um die Aktivierung seines Durchhaltevermögens.
Ich betete und bat um ein Wunder. Ich bat um Beistand und Hilfe. Ich bat darum, dass mir die richtigen Hilfsmittel einfallen und darum, auf

die richtigen Akupunkturpunkte in einer sinnvollen Kombination zu kommen. Und ich bat das Große Ganze, das, was ich Gott nenne und woran ich wahrhaftig glaube, mich jetzt nicht im Stich zu lassen. Dieses wunderbare Pferd hatte es so sehr verdient, dass ich mich voll und ganz für ihn einsetzte. Alles, was ich jemals gelernt und erfahren hatte, wollte ich ihm zur Verfügung stellen. Und dann ließ ich meine sorgenvollen Gedanken los und ersetzte meine Bedenken durch pures Handeln in aller reinster Absicht. Alles, was die Stimme meiner Seele mir vorschlug zu tun, tat ich. Und zwar ohne zu zögern und unmittelbar. Ich führte einen sehr tiefen seelischen Dialog mit ihm. Ich dankte ihm für alles, was er jemals für mich getan hatte. Und das war wahrhaftig sehr viel. Ich bat ihn um Verzeihung für alles, was ich jemals, wider besseren Wissens nicht voll umgesetzt hatte, und ich entschuldigte mich für meine Fehler. Ich verzieh ihm alles, womit er mich in unserer gemeinsamen Zeit geärgert hatte und erkannte, was er mich dadurch gelehrt hatte. Und dann führte uns das innere Gespräch in größere Themen. Es ging um Leben und Tod. Ich vernahm, dass er in dieser Situation am liebsten gehen wollte. Heute. Jetzt. Er schien wie lebensmüde, hatte keine Lust mehr, sah keine Perspektive und ihn verließ der Mut. Wir hatten so vieles miteinander erlebt. All das war nun abgeschlossen. Llano wägte scheinbar ab, ob er nun gehen sollte. „Auf gar keinen Fall! Und schon gar nicht jetzt – und auch nicht so!", waren meine unmittelbaren Reaktionen aus meinem tiefsten Inneren. Voller Überzeugung bewies ich ihm, dass ich ihm alles geben würde, was ich konnte, um diese Situation zu überstehen. Meine größten Gaben, was ich ihm neben all meiner Fachkompetenz geben konnte, waren mein Loslassen, mein Glaube und meine Liebe. Ich bat ihn zu bleiben. Doch ich erlaubte ihm selbstverständlich, zu gehen, wenn das jetzt an der Zeit war für ihn. Ich würde das annehmen, was jetzt dran wäre auf unserem Weg. Auch wenn ich mir einen friedvolleren Übergang in die andere Welt für ihn vorstellen konnte und es ihm von ganzem Herzen leicht und lichtvoll gönnte. Und auch für mich wäre das schöner und besser zu ertragen, wenn eine friedliche, möglichst schmerzfreie Trennung stattfinden würde. Ich machte mich frei von dem, was mein Ego wollte und öffnete mein Herz für seine Entscheidung. Und für den Willen des Großen Ganzen.

Ab diesem Moment wurden Llanos Krämpfe weniger, seine Energie begann zu fließen, er hustete ein paarmal so sehr, dass er sich dabei schütteln musste und ich massierte weiter die Punkte, die für das Lösen der Schlundmuskulatur verantwortlich sind. Nach kaum einer Viertelstunde war der Spuk vorbei und er stand friedlich und dankbar, jedoch sichtlich erschöpft bei mir und stützte seinen schweren Kopf auf meinen Schultern ab. Die drei anderen Pferde hatten uns die ganze Zeit beigestanden. Sie hielten einen achtungsvollen Abstand zu uns und Llano und ich konnten in dem Raum, der dadurch entstand, die Zeit vergessen. Ich weiß nicht, wie lange ich mit ihm noch so gestanden, ihn gehalten und mit ihm geschmust habe. Ich weiß nur, dass es sehr innig war, als wären wir eins. Ich spürte seine Liebe und sein Vertrauen zu mir. Ich spürte Dankbarkeit, seine und meine. Wir genossen unsere Verbundenheit in vollen Zügen.
Diese leidvolle und von Krämpfen und Schmerz geplagte, knappe Viertelstunde fühlte sich an wie eine Ewigkeit. Wahrscheinlich wäre am Heiligabend in der Zeit kein Tierarzt so schnell zu uns in die Pampa gekommen, wie sich der Kloß in seinem Hals schlussendlich durch alternative Hilfe unter vollem Einsatz gelöst hatte. Doch das war Nebensache. Es war überstanden und wir waren eins miteinander. Wie erlöst machte er mir so mein größtes Weihnachtsgeschenk. Llano würde noch eine Weile bleiben. Doch in unserem Dialog wurde auch klar, dass Llano nicht ewig leben konnte und mich mit dieser Aktion darauf

vorbereitet hatte. Mir wurde seine Endlichkeit bewusst. Ich hatte ihn losgelassen und seiner eigenen Entscheidung übergeben. Von nun an wollte ich in Zukunft nicht mehr über ihn bestimmen. Ich wollte meinem treuen Freund nur noch in seinen eigenen Entscheidungen zu Seite stehen. Wir hatten eine gute Zeit vor uns, jedenfalls, wenn wir noch Zeit miteinander geschenkt bekämen. Die anstrengende, aufwändige, herausfordernde und schwierige Zeit auf diesem gemeinsamen Weg hatten wir vor ziemlich genau einem Jahr hinter uns gelassen und sie bestmöglich abgeschlossen.

Das war die Zeit, in der wir gemeinsam über fünfzehn Jahre ein großes, mehrdimensionales Projekt führten. Ich war darin die menschliche Leitung, er die pferdische Leitung in der Herde. Dieses Projekt war über Jahre für uns genau das Richtige gewesen, wahre Berufung. Doch eines Tages war es an der Zeit, dass wir uns aus dem großen Therapieprojekt verabschiedeten. Wir waren beide erfüllt gewesen von unserem Tun. Wir hatten erfolgreich gelernt, was immer auch zu lernen war. Es kam der Tag, an dem ich begriff, dass ein neues Leben auf uns warten würde, wenn wir uns nur trauten, das alte loszulassen. Mein Mann und ich verkauften alles, was wir hatten und behielten neben unseren privaten Gegenständen nur eine kleine Gruppe der ehemaligen Therapiepferdeherde. Zuerst schmerzte das sehr. Doch schon nach kurzer Zeit war klar, dass wir nun das Loslassen zu lernen hatten. Was den Hof betraf, schlugen wir uns gut. Llano, die kleine Connemarastute Sweet Molly und der Connemara-Araber-Wallach Quinoah blieben uns erhalten. Quinoah würde eines Tages den richtigen Menschen finden und auch ein neues Leben ansteuern. Aber in dem Moment waren weder er noch ich dazu bereit, uns schon zu trennen. Doch das ist eine andere Geschichte.

15.11.2018 - Zurück im Jetzt

„Und, bist Du jetzt soweit?", ist der Satz, der mich heute wieder in die Gegenwart zu Llano holt. Kurz hatte es mich in die Vergangenheit gezogen, doch die ist längst vorbei. Quinoah hat mittlerweile ein traumhaftes Zuhause gefunden. Ich nehme mir einen Augenblick, um mich zu sammeln. Schon wieder lädt Llano mich in eine Kommunikation ein, bei der ich gut zuhören sollte, denn es ist ihm wichtig, mich einzubeziehen.

Dann realisiere ich, worum es ihm geht. „Ach, darum geht es", wird mir die Situation klar. Llano hat am heutigen Novembertag das Thema des Abschieds friedlich und ohne Drama wieder hervorgeholt und aktualisiert. So hatte ich es mir im letzten Jahr gewünscht, ganz sachlich und rechtzeitig, und doch kommt es unpassend, im falschen Moment und viel zu früh. Trotz Dankbarkeit und ohne mein Wollen sträubte es sich wieder in mir. Widerstand machte sich breit.

Am frühen Morgen ließ ich die Pferde von den Paddocks raus auf ihre geliebte Weide. Diese Weide ist wundervoll für Pferde, ein wahrhaftiger Lebensraum. Die Weidefläche führt am Fluss entlang. Die Pferde können selber entscheiden, wann und wo sie trinken gehen. Im Sommer könnten sie sich dort die Beine abkühlen und am seichten Ufer herrlich herumplanschen. Einige Hänge sind sehr steil, so dass Sweet Molly sich voller Freude selbständig im Klettern üben kann. Sie ist die einzige, die bergziegenartig an die ganz schwierig zu erreichenden Stellen kommt, dorthin, wo noch kräftiges Gras auf Verzehr wartet.

Am Ende der Weide können die Pferde in ein kleines Wäldchen zwischen die Hügel gehen. Dort ist es windgeschützt und meistens trocken. Normalerweise laufen die Pferde rasant auf ihre Weide, wenn ich sie ihnen öffne. Doch heute war es anders. Llano lief mit seinen beiden Stuten Sweet Molly und Saadeja (Quinoah ist tatsächlich vor wenigen Wochen ausgezogen und hat für die Araber-Welsh-Stute Saadeja vorübergehend Platz gemacht) auf die Wiese, als würde er die beiden Damen eben nur nach hinten begleiten. Er war es gewohnt, dass ich noch eine Weile dort am Tor stand und ihnen zuschaute. Mir brachte es immer viel inneren Frieden, zu sehen, wie glücklich und zufrieden die drei die Weide und den Platz belebten. Wenn sie tun konnten, was sie glücklich macht, war auch ich ganz beseelt.

Heute Morgen kam Llano ganz gegen seine Gewohnheit unmittelbar zurück zu mir und stellte sich wieder neben mich. Das war seltsam, denn normalerweise war er der Erste, der sich auf das kräftige Novembergras stürzte. Er hatte nicht mehr so viele Zähne, deshalb war es für ihn schwierig, Heu oder Heulage zu fressen. Weidegras zu fressen war ihm dagegen ein Leichtes. Nun stand er neben mir, als wolle er etwas sagen. Er war sehr vorsichtig und achtsam. Und auch das war komisch, denn zu seinen Eigenarten zählt sein burschikoses, manchmal etwas aufdringliches, ja fast grobes Einfordern der Erfüllung all seiner meist akuten Kraulbedürfnisse. Heute war er so zart. Einfühlsam meine Grenzen achtend, legte er nach kurzem nebeneinander Verweilen seinen Hals sanft an meinen Oberarm und hielt inne. In seinen alten Augen schimmerte eine weise Tiefgründigkeit.

15.11.2018 – Direkte Konfrontation

„Und, bist Du jetzt soweit?", vernahm ich seine Stimme erneut. „Soweit? Wofür?", war meine rein irdische, innere Abwehrreaktion. In meinem Herzen wusste ich allerdings genau, worum es ging. „Bist Du bald so weit, mich loszulassen?", wurde Llano konkreter. Ich hatte jahrelange Erfahrung mit Kommunikation dieser Art. Sofort wurde mir wieder bewusst, was wir vor elf Monaten verhandelt hatten. Damals, am Heiligen Abend, hatte er sich darauf eingelassen, noch nicht zu gehen, vor allem nicht mit Drama und Schmerzen gehen zu müssen. Ich hatte ihm damals gesagt, dass es für mich ganz persönlich hilfreich und schön wäre, wenn nicht nur er, sondern auch ich mich langsam mit dem Gedanken seines Gehens beschäftigen könnte. Es war mir klar, dass ich meinen vielleicht bisher wichtigsten Begleiter eines Tages loslassen müsste. Und das wollte ich auch tun. Aber sollte es wirklich schon bald so weit sein? Llano war jetzt einundzwanzig Jahre alt. Das hielt ich für einen mittelgroßen Araber-Traber für relativ jung. Ich war immer der Meinung, dass wir die dreißig Jahre locker gemeinsam packen würden. Allerdings vernachlässigte ich bei diesem Gedanken etwas naiv, dass Llano in den ersten Jahren seiner Entwicklung viel Mangel auf allen Ebenen erlitten hatte. Nicht nur unterernährt, sondern auch fehlernährt und verwurmt traf ich ihn als dreieinhalbjährigen, aufsässigen, unerzogenen Rüpel.

Er war damals rahmen-, beziehungs- und haltlos und glich mit seinen angestauten Aggressionen einer Zeitbombe, die vor Wut und Lebensfrust in jedem Moment hätte explodieren können. Er hatte damals kaum Muskeln und seine Knochen und die Zähne waren schlecht ausgebildet. Ich vermute, deshalb sind ihm schon mit 18 Jahren die ersten Backenzähne ausgefallen, die normalerweise erst zehn Jahre später ausfallen. Er hat manchmal körperliches Unbehagen, wenn ihm bei Nebel und feuchtem Wetter trotz medizinischer und ganzheitlicher Hilfsmittel die Kälte in seine Knochen kriecht. Sein Körper ist, rein medizinisch gesehen, eher Ende als Anfang zwanzig.

Am letzten Heiligabend vernahm ich die Aussage, dass er hier nicht mehr viele Winter erleben möchte. Da wir die letzte Krise an Heiligabend erfolgreich hinter uns gebracht hatten und ich seine düstere Stimmung für eventuelle Winterdepression hielt, hatte ich das alles ganz und vor allem auch gerne verdrängt. Heute drängte er mir seine Information neu auf und brachte sie zurück in mein Bewusstsein. „Stimmt. Winter wolltest Du nach Möglichkeit hier nicht mehr durchstehen müssen", fiel mir wieder ein. Sanft angelehnt an meinen Oberarm gingen wir gemeinsam, nachdenklich im Dialog versunken einige hundert Meter am Zaun entlang. Ich hatte den Eindruck, er begleitete mich heute zum Ausgang der Weide.

Ich erzählte ihm während unseres gemeinsamen Ganges, dass auch ich manchmal am liebsten gehen und den Planeten Erde verlassen würde. Ich bin von der Überzeugung beseelt, dass mit dem Sterben der Rückweg nach Hause in eine große, lichte Quelle eingeleitet wird, in die wir als Funke wieder eintauchen, in das, was ich das Zuhause der Seele nenne. Ich glaube daran, dort wieder mit allem zu verschmelzen und eins zu werden mit dieser Quelle. Und manchmal finde ich es hier auf der Erde unmenschlich, schrecklich ungerecht, grob und hart und würde so gerne in diese Quelle der Liebe wieder eintauchen. Ich gönnte es Llano aus tiefstem Herzen, dass er der erste von uns beiden sein würde, der dorthin nach Hause gehen wird. Ich dankte ihm auf diesem Weg für alles, was er für mich getan hat. Und vor allem dankte ich ihm sehr dafür, dass er mir ohne Drama, ohne Krankheit, ohne Unfall einfach Bescheid sagt, dass es anscheinend bald so weit sein würde, dass er von hier weggeht. Nun kann ich mich vorbereiten. Der Tod eines Pferdes ist unausweichlich. Sie leben einfach nicht so lange wie wir. Ich bin mir sicher, dass wir alle, Mensch und Tier, nach einem erfüllten Leben mit Leichtigkeit den Übergang beschreiten werden. Und erfüllt ist Llanos Leben, das hat sein großes, kräftiges Herz meinem heute vermittelt. Davor verneige ich mich in Demut und Dankbarkeit. Jeden kommenden verbleibenden Tag möchte ich mich ihm mit offenem Herzen widmen. Egal ob er noch zehn Tage als mein Begleiter hier sein wird oder zehn Jahre.

16.06.2019 - Llanos 22.Geburtstag: Bereitschaft zum Loslassen

Heute ist der 16.06.2019, etwas über ein halbes Jahr ist vergangen, nach unserem letzten, sehr intensiven Gespräch über das Sterben. Die letzten Monate vergingen wie im Fluge und ich habe viel an mir gearbeitet. Llano hat mich dabei wohlwollend begleitet. Meistens schweigend. Der weise Llano spricht nur auf der kommunikativen Ebene zu mir, wenn ich es sonst nicht richtig erfasse, was er zu sagen hat. So gesehen verliefen die letzten Monate nach seiner Ankündigung anscheinend sehr gut. Wir waren oft und viel zusammen, innerlich sprachlich meistens still oder mit Kleinigkeiten und verhältnismäßigen Kleinigkeiten des Lebensalltags beschäftigt. Wir lebten unseren Alltag, eine entspannte Normalität. Gestern gab es einen kurzen Impuls von seiner Seite aus, die ich umgehend nur mit einem Gefühl beantworten konnte. Und heute kam wieder der Satz, deutlich vernehmbar:

„Und, bist Du jetzt soweit?", hörte ich erneut Llanos Stimme nicht nur in meinen inneren Ohren, sondern auch in meinem Herzen hallen.

Dieses Mal war ich vorbereitet.
„Ja, das bin ich", konnte ich ihm heute mit seliger Überzeugung bei meinem Besuch auf der Weide wohlüberlegt und verhältnismäßig gelassen antworten. „Darüber haben wir doch gestern schon gesprochen", begegnete ich ihm. „Ich habe Frieden damit geschlossen, Dich bald nur noch körperlos wahrzunehmen und Dich als meinen geistigen Helfer zu erbitten, wenn das denn möglich, vorgesehen und so erwünscht ist", antwortete ich, mich selbst tröstend und hoffnungsvoll.

Ich hoffte auf eine Verbindung, die stärker ist, als die der Erdbewohner. Ich wollte die Stimmung damit etwas aufheitern, obwohl mir die Ernsthaftigkeit des Themas durchaus bewusst war. In mir hegte sich der Wunsch, Llano neben meinen anderen geistigen Helfern, die mich begleiten, als wichtiges Mitglied und weiteren Begleiter zu wissen. Dieser Wunsch entsprang tief in meinem Herzen – und meinem Ego, aber das war mir in dem Moment noch nicht so klar.

„Es geht noch um etwas anderes", erwiderte er sachlich. Llano war nicht immer zu Scherzen aufgelegt, wenn ich es war. Er nahm mich sehr ernst und er ging auch oft so mit mir um.

Llano: „Bist *Du* jetzt so weit, möchte ich von Dir wissen. Nicht, ob *ich* jetzt so weit bin, zu gehen. Um mein Gehen und darum, wie das geschehen soll, oder eher wie nicht, haben wir uns früher schon und auch gestern Gedanken gemacht. Es geht darum, ob *Du* so weit bist? Nicht, ob Du so weit bist, mich loszulassen. Auch das war gestern. Darum geht es gar nicht. Ob *Du* so weit bist, in Deinem Leben ebenfalls einen Schritt weiter zu gehen? Du kannst nicht dort stehen bleiben, wo Du jetzt stehst. Wenn ich gehe, entsteht dort ein Loch in Deinem Leben. Du brauchst etwas Neues. Eine noch klarere Ausrichtung. Dafür müssen Zeit und Reife stimmen. Fühlst *Du* Dich reif genug für das, was in Deinem Leben jetzt bald auf Dich zukommt? Bist *Du* jetzt groß genug, um ohne mich klarzukommen? Kannst Du für Dich alleine stehen? Hast Du all das verinnerlicht, was ich Dich gelehrt habe?"

Ich erschrak und zögerlich begann ich zu verstehen. Zuerst war ich ein wenig überfordert von der fast forschen Klarheit, die mich durchdrang.

Darum habe ich mir tatsächlich in direktem Zusammenhang noch nie Gedanken gemacht. Gut, dass Llano mich so auf den Punkt brachte. Wer auch sonst? Was soll mit mir schon passieren, wenn Llano geht? Ich habe mein Leben in den letzten drei Jahren dermaßen umgekrempelt, dass kaum etwas vom alten Leben übrig blieb. Jeden Stein meines Biografie-Mosaiks habe ich umgedreht, angeschaut und ihn neu positioniert. Ich habe mein viel zu fremdbestimmtes Leben zurückerobert und viel über mich gelernt. Ich kann Verantwortung tragen und Grenzen ziehen. Auch wenn das Abgrenzen nicht zu meinen Lieblingsdisziplinen gehört und mir auch immer wieder Momente des Unabgegrenztseins in denkbar ungünstigen Situationen geschehen. Ich habe gelernt, mich aus dem Einfluss fremder, für mich negativer Energien zu reinigen, habe meinen Glauben gestärkt, mich mit meinen Ahnen verbunden und ihnen gedankt. Ich lernte den Kontakt zu Mutter Erde zu halten und mich mit dem Himmel zu verbinden. Ich habe mein Herz öffnen können und allen verziehen, die mich verletzt haben. Und ich habe daran gearbeitet, mir selbst zu verzeihen, für alles, was ich getan, nicht getan oder an mir verurteilt und mich selbst mit meiner harten Kritik erbarmungslos verletzt habe. Diese Lektion werde ich sicher noch lange Zeit immer wieder hervorholen und üben müssen.

16.06.2019 - Die Klärung des Daseins

Der Beginn, sich selbst zu lieben, ist gemacht. Manchmal bin ich darin schon ganz gut. Manchmal bin ich darin noch nicht so gut. Und manchmal schleicht sich heimlich das Ego ein und versucht mir zu erzählen, wie toll ich bin, einzig und allein mit dem Ziel, mich damit hinters Licht zu führen und nicht schon wieder etwas verändern zu müssen. Doch ich kann auch das schon immer öfter erkennen und rechtzeitig intervenieren. Ich habe mein Ego vor einiger Zeit auf „Jemand" getauft, weil ich es dann einfacher entlarven kann. Ich hatte schon immer eine Aversion dagegen, dass mir *jemand* sagt, wie und was ich zu tun habe.

Mein über Jahrzehnte mühsam aufgebautes Ego versucht zwischendurch immer wieder, mich zu verführen. Es möchte mich glauben machen, dass ich bin, was ich bisher war und möchte mich fixierend daran festhalten lassen. Manchmal erinnert dieser „Jemand" mich an Geschichten meiner Biografie und füllt sie mit Trauer und Leid. Alles, um mich in meinem Herzen klein- oder von dem Wesen, das viel tiefer in mir liegt, abzuhalten. Mein Ego möchte gerne größer sein, als die Weisheit des Herzens. Es möchte, dass ich mich brav in diese Reihenfolge einfüge und bedingungslos daran glaube, was es mir vorgaukelt. Es möchte die Macht über mich haben und mich vorsichtshalber begrenzen und scheinbar gewissenhaft und verantwortlich lenken, damit mir mit meinen neuen Ideen und deren Umsetzung nichts Neues, vielleicht „wieder" Schlimmes passiert. Es hat so sehr Angst davor, neues Land zu betreten und Dinge zu tun, bei dem es noch nicht weiß, welche Strategie es anwenden soll, dass es lieber an längst vergangenen Mustern festhalten möchte, als sich zu erweitern. Ich danke meinem Ego dafür, dass es mich auf diese Weise schützen möchte. Doch ich weiß längst, ich bin mehr als dieser „Jemand", mehr, als mein Ego.

Ich habe verstanden, dass es wichtig ist, was und wie ich im Kern meines Wesens bin, nicht, was ich als Tanja, sozusagen als irdische Verpackung meiner Seele, tue. Das Sein ist stiller als das Tun. Und um das Stille geht es, was Beachtung finden darf. Das Laute, Grobe, Große, Heftige bekommt überall, wo man hinsieht, auf dieser Welt schon viel zu lange die fast ungeteilte Aufmerksamkeit. Diese Dinge bekommen dadurch enorm viel Macht. Für mich persönlich ist klar geworden, dass es mir im Kern des Lebens darum geht, was sich innen drin bewegt. Deshalb habe ich gelernt, hineinzuschauen und zu fühlen. In mich, in Situationen, in Systeme, in die Augen eines Lebewesens. Ich habe gelernt, das wahre, sich dahinter verbergende Wesen zu bitten, sich zu zeigen. Achtungsvoll und wach zu sein, habe ich in mein Handeln eingepflegt, um sanft und verständnisvoll mit der Seele meines Gegenübers umgehen zu können. Ohne zuvor ein Urteil zu fällen. All das hat Llano mich gelehrt. Natürlich auch viele seiner Verwandten, jedoch Llano war und ist derjenige, der am meisten Einfluss auf mich genommen hat. Er hat mein Leben und mein Fühlen geteilt und ich seins. Er weiß einfach alles von mir, bis in die letzte Zelle. So viel wie er, weiß nicht einmal ich von mir.

Ich: „Du weißt doch so vieles von mir. Was meinst Du denn? Befindest Du mich für erfahren und reif genug für meinen nächsten Schritt? Ich hatte gedacht, ich praktiziere nach Deinem Gehen alles einfach genauso weiter und werde Stück für Stück bewusster und kompetenter auf meinem Gebiet. Ist das nicht richtig?"

Llano: „Nein. Das ist zwar schon sehr gut, aber das ist nicht Deine alleinige Bestimmung. Die Bestimmung der ersten Hälfte Deines Lebens hast Du erfolgreich gemeistert. Da ging es darum, dass wir, ich und die vielen anderen Helfer, Dich unterstützten, das umzusetzen, was Du schon aus Deiner Kindheit wusstest. Vieles davon war ins Verborgene gerutscht. Du musstest Dich an die Weisheit Deines inneren Kindes erinnern. Du hast damit begonnen, als wir uns begegnet sind und es wird enden, wenn ich gehe. Du bist Deinen Weg als Pferdetherapeutin und Reittherapeutin, als Pädagogin, als Pfadfinderin, Aufklärerin, Retterin, Vermittlerin und Rechtsanwältin der Pferde, Fürsprecherin und Dolmetscherin und vieles mehr gegangen. Du bist eine Pferdefrau geworden, aus Fleisch und Blut. Zielstrebig und erfolgreich. Du warst Dir nicht zu schade dafür, Deine körperlichen, emotionalen und energetischen Grenzen zu übergehen, um jemandem von uns, einem Pferd, zu helfen, wenn es in körperlicher oder seelischer Not steckte.

Nur Dich hast Du dabei vergessen.

Du hast von mir Halt bekommen, wenn Du Dich übernommen hattest. Ich gab Dir Rückgrat und tragende Schultern, wenn eine Sache zu schwer auf Dir lastete. Dafür werde ich in Zukunft nicht mehr da sein. Du musst lernen, Deine Grenzen zu achten, zu akzeptieren und Dich so anzunehmen, wie Du bist. Auch dann, wenn Du Dich nicht gerade für einen von uns einsetzt. Du hast all das über viele Jahre von uns gelernt, damit Du es jetzt *für Dich* anwendest. Es wird eine Zeit des Übergangs geben, in der Du Dich nach meinem Rückzug neu sortieren musst. Ich sage Dir das jetzt schon, damit wir heute schon darüber sprechen und Du vorbereitet bist. Das wird eine Zeit des Wandels. Ich weiß, Du hast einen großen Wandel hinter Dir. Doch kaum abgeschlossen, wartet da schon der nächste auf Dich."

Kaum hatte ich kurz tief durchgeatmet, ging der Dialog direkt weiter:

„Als ich Dich kennenlernte, warst Du sehr enttäuscht von der Welt. Du fühltest Dich verlassen und einsam. Deine Gefühle waren durch den großen Verlust, den Du erlitten hattest, schockgefroren. Du warst emotional hart und eiskalt, vor allem zu Dir selber. Nur zu den Tieren, vor allem zu uns Pferden, warst Du nicht so. Du hast Herz für uns, aber nicht für Dich. Und wenn es Dir doch einmal passiert ist, dass Du zu forsch, zu schnell oder hart warst, konnten wir immer sehen, aus welch großer Wunde das stammte und wir konnten Dir unmittelbar dafür verzeihen. Auch wenn Menschen anwesend waren, warst Du immer ein bisschen härter, als wenn niemand außer Dir mit uns im Stall war. Das haben wir gesehen. Viele Menschen haben Dinge aufzuarbeiten und daraus zu lernen, bei Dir war es wirklich sehr viel. Du hast nicht nur die Dinge aus diesem Leben geklärt und bearbeitet, sondern auch aus vielen anderen Seinsebenen. Du hast nicht nur Deins geklärt, sondern auch die Traumen vieler anderer. Du fühltest Dich schuldig, wenn es Dir nach einzelnen Klärungen plötzlich gut ging. Dann hast Du Dich an Klärungsprozessen anderer beteiligt und ihnen einen Teil ihrer schweren Last abgenommen. Darunter hast Du gelitten. Du hast Dich auf Deine Läuterung eingelassen. Und Du hast unendlich viel gelernt. Und nun ist es bald an der Zeit, das zu nutzen, was nach der ganzen Aufräum- und Selbstklärungsarbeit übrig bleibt.

Sag mir, was ist Dir heute Nacht bewusst geworden?"

Was Llano alles weiß! Ich wachte in der Tat heute Morgen auf und mir war gar nicht klar, dass das, was ich da im Kopf hatte, mit dieser jetzigen Situation überhaupt etwas zu tun hatte. Llano war schon immer gut darin, die Fäden miteinander zu verbinden.

Ich: „Mir war heute Morgen auf einmal klar, dass ich keine Probleme habe. Ich selbst, ich ganz persönlich, ich habe überhaupt keine wahrhaftigen oder unlösbaren Probleme. Mir geht es gut und gegenüber anderen schäme ich mich fast ein bisschen dafür."

Ich fühlte mich seltsam bei dem Aussprechen dieser Tatsache und hatte das Gefühl, ich müsste meine Einsicht mit Erklärungen untermauern und mich rechtfertigen.

Ich: „Wenn ich mich nun höre, klingt das alles etwas oberflächlich. Ich erkläre es Dir, wie ich es meine."

Llano hielt inne und spitzte die Ohren. Auch seine Augen schienen mir gegenüber ganz und gar offen. So, als würde seine Seele durch seine Augen direkt in meine Seele blicken und mir ebenfalls erlauben, in seine zu blicken.

Ich: „Jeden Tag, ganz aktuell, habe ich Menschen um mich, die Probleme haben. Immer haben sie diese mit anderen Menschen, mit Dingen wie ihrer Arbeit oder mit sich selbst. Sie werden sich in allerlei Dingen ihrer Lebensführung nicht einig. Nicht mit sich und nicht mit ihrem Partner. Sie sind sich nicht im Klaren darüber, wo sie wohnen und wie sie leben wollen. Sie nehmen das, was in ihren Leben aktuell vorherrscht, als gegeben an und glauben gar nicht daran, dass sie es jederzeit ändern könnten. Sie wissen nicht, dass sie jeden Tag erneut die Chance dazu haben, sich selbst neu zu erschaffen. Leidvolle Umstände bohren sich in ihre Seele und in ihre Körper, immer tiefer und tiefer. Und sie sind bereit, es immer weiter zu ertragen. Sie kommen gar nicht darauf, dass sie selbstbestimmt ihr Leben ändern *dürfen*. Und zwar jeden einzelnen Aspekt. Früher oder später entstehen dann aus diesen festgefahrenen Umständen negative Resultate. Das ist ganz natürlich. Sie haben Schmerzen, Partnerschaften gehen zu Bruch, Krankheiten nutzen den Nährboden in ihnen für sich oder Unfälle geschehen. Sie verstehen oft nicht, dass das die natürlichen Schlussfolgerungen ihrer erlebten Unzufriedenheit oder ihrer Traurigkeit sind und diese sind wiederum das Resultat ihrer Entscheidungen. Sie haben sich, oft ohne es zu merken, vom Leben prägen, sich programmieren und sich manipulieren lassen. Sie haben Strategien entwickelt, emotional und wirtschaftlich zu überleben. Sie öffnen sich oft nicht dafür, was das Leben mit seinen Lektionen und Aufgaben von ihnen will. Sie gehen ungerecht und unachtsam miteinander um und viele interessiert dann vorrangig nur, dass sie Recht oder Erfolg in einer Sache haben, und nicht, wie es ihnen oder dem anderen dabei geht. Dabei gewinnen scheinbar immer noch die, die lauter, grober, größer, stärker sind oder beruflich in besseren Positionen sitzen. Als ginge es bei unserem Dasein um das Gewinnen. Um Übervorteilung. Oder um Geld, Reichtum und Vermögensaufbau. Jedoch geht es bei all ihren Problemen im Kern um Menschen, ja vor allem geht es um sie selbst. Und ich sehe, dass ihnen die Menschlichkeit unter dem aufgeladenen Druck Stück für Stück abhandenkommt. Die Menschen verletzen einander so sehr. Und ich dachte, wir wären auf einem guten Weg auf der Welt. Doch es schafft nicht einmal der eine mit seinem Nächsten in Frieden nebeneinander zu leben, da brauchen wir uns nicht Völker oder Regierungen anzuschauen.

Nein, nur den einen und den nächsten müssen wir dazu anschauen, egal wo in diesem Land. Und über die Landesgrenzen hinaus wird es nicht besser. Das ist ein sehr trauriges und mich nachdenklich stimmendes Resultat. Es besagt schließlich, dass diejenigen, die so mutig sind, ihre Gefühle zu zeigen und sich damit verletzlich machen, in der groben Masse vermeintlich als diejenigen Deppen dastehen, die sich von Herzen offen, weich und emotional in die scheinbare, gesellschaftliche Verlierer-Rolle begeben und ständig einzustecken haben. Durch ihre Verletzlichkeit scheinen sie nicht taff genug für eine Welt, in der es um wirtschaftlichen Fortschritt, Effizienz, Durchsetzungskraft und Optimierung um jeden Preis geht. Doch geht es denn darum? Mir ist bewusst, dass es zumindest in meinem Leben nicht darum geht. Nicht mehr. Ich hatte auch ein paar Jahre der Verirrung, in denen ich wie ferngesteuert das Materielle angestrebt und im Erfolg mein Dasein genossen habe. Diese Art gesellschaftlicher Prägung hat mich zwar niemals vollkommen einnehmen können, doch ich war noch nicht wach und bewusst genug, sie zu erkennen und von dem zu unterscheiden, was ich selbst bin und für mich und mein Leben möchte. Ich habe es zu der Zeit genossen, mir materielle Dinge leisten und einen gewissen Lebensstandard ermöglichen zu können. Für mich war das der Gegenpol für meinen täglichen, hohen therapeutischen Einsatz. Glücklich gemacht hat mich das Materielle allerdings nie. Es hat mein Ego gestärkt, ja, und es war angenehm, auch ja, aber in meinem Kern hatte ich deshalb nicht mehr Wärme, als ohne diese Dinge. Je mehr Dinge sich anhäuften, umso mehr wurde mir bewusst, dass sich damit die Leere im Inneren nicht füllen lässt. Und mich um mich zu kümmern, um die entstandene Leere, war dann immer weniger Zeit und Raum, da ich viel dafür arbeiten musste, alles zu erhalten. Während meines „Erwachens" habe ich mich kurzentschlossen von all dem losgesagt und das meiste Materielle verkauft. Je mehr ich davon losgelassen habe, desto leichter fühlte ich mich und desto besser ging es mir. Ich war mir plötzlich viel näher als zuvor. Ich begann, mich neu zu spüren. Es war, als wäre das Leben in mich zurückgekehrt und ich entdeckte die Fülle, die tief verborgen in mir liegt.

Sicher brauche auch ich nach dem Verkauf des Betriebes monatlich etwas Geld, um mich und meine Kosten selbst zu tragen. Doch vor allem brauche ich Frieden, Ruhe und Zeit, um ungestört von fremdem Einfluss ich selbst zu sein und mir selber immer näher zu kommen. Je weiter ich mich aus dieser einstigen Lebensgestaltung, die auf Materie aufgebaut war, trenne, desto offener und erfüllter wird scheinbar mein Herz.

All denjenigen, die in diesem Moment Streit oder unausgesprochene Konflikte mit jemandem haben oder diese vielleicht sogar noch still schüren, möchte ich so gerne sagen, dass sie in der Situation sind, weil sie selbst es sind, die immer weiter machen und ihre zum Teil längst überholten Angewohnheiten und Glaubenssätze pflegen. Wenn sie auf den Gedanken kämen, sich um sich selbst zu kümmern und die Verantwortung für sich und ihre Gefühlswelt zu übernehmen, würde der Großteil der Probleme sich HEUTE einfach in Rauch auflösen. Weil es nichts anderes sind als Illusionen. Menschen haben die Wahl. Sie können alles so machen, wie sie es sich angewöhnt oder gelernt haben oder sie können es lassen. Sie können wach werden – oder im Bewusstsein schlafen. Doch es hängt von einer Zehntelsekunde in ihrem Kopf ab, wie sie sich entscheiden. Viele entscheiden sich einfach gar nicht und machen einfach nur mit oder weiter mit dem, was ihnen vorgelebt wurde. Letztendlich ist es doch so: Wenn jemand entscheiden dürfte, ob er auf einer friedlichen Südseeinsel leben dürfte oder ob er in den Krieg ziehen sollte – wie würde die Person sich logischerweise entscheiden? Und warum tut sie es nicht? Der Frieden ist nur eine Entscheidung weit entfernt. Ich habe mich entschieden. Seitdem geht es mir viel besser. Ich habe mir meine Südseeinsel nach Hause geholt. Mein Zuhause ist meine Insel. Dort ist es schön und dort kann ich vollkommen so sein, wie ich bin. Ich brauche mich nicht mehr zu verbiegen und nehme es sehr ernst, für mich und mein Wohl einzustehen. Ich habe mir selbst erlaubt, dass es mir in meinem Inneren mit mir allein gut geht."

16.06.2019 - Abschied von Negativität

Llano: „Und bist Du bereit, für Dich und diese Weisheit einzustehen? Kannst Du dies so überzeugend weitergeben, dass auch andere durch Dich Frieden in sich finden?"

Ich: „Ja, unbedingt. Die Jahre, in denen ich nicht gut für mich und meine Befindlichkeit gesorgt habe, haben mir seelisch so wehgetan, dass ein großer Körperschmerz daraus erwachsen war. Diesen zu reduzieren und mich aus all den Situationen, die wehgetan haben, zu befreien, hat viel Arbeit an mir und meinen innersten Überzeugungen und Mustern gebraucht.
Es war nötig, meine Sicht auf die Welt zu verändern, Zusammenhänge neu zu verstehen und jeden Tag liebevoll und

zielstrebig an mir zu arbeiten. All das Negative, was ich erlebt habe, ganz egal ob ich es selbst erlebt habe oder ob ich miterlebt habe, wenn es einem anderen, vor allem einem von euch, nicht gut ging, war für meine Seele eine Art Folter. Das habe ich erst im Nachhinein und viel zu spät verstanden. Früher hatte ich immer gedacht, dass ich taff genug bin für die Welt. Körperlich war ich immer stark und ausdauernd, geistig war ich immer voll da und emotional dachte ich, ich könnte so einiges, vor innerer Stärke strotzend, einfach so wegstecken.

Erst als das Maß voll war, oder übervoll, musste ich mich der Einsicht beugen, dass meine Denk- und Handlungsweisen so nicht mehr stimmten. Ich war ebenso zart, sensibel, fein und zerbrechlich, wie ich auf der anderen Seite wie ein tapferer Kerl, ja fast ein Krieger war. Ich habe verstanden, dass ich auf mich aufpassen und auf mich achten muss. Ich habe darauf zu achten, wo meine Grenzen sind. Und wenn sie erreicht werden, muss ich, um mich selbst vor Verletzung und Schmerz zu schützen, eine Grenze ziehen. Obwohl ich Grenzen nach wie vor hasse. Ich muss mir zuliebe darauf achten, was ich tue und vor allem darauf, *wie* ich Dinge tue. Dass daraus, wenn ich mich nächstenliebend für mich selbst einsetze, in jedem Gegenüber, dass das noch nicht tut, Widerstände entstehen, muss ich noch weiterhin lernen, zu akzeptieren. Ich darf lernen, auszuhalten, dass nicht jeder damit umgehen kann oder nicht akzeptieren möchte, dass ich mich selbst fürsorglich und liebevoll an allererster Stelle in meinem Leben sehe. Das betrifft vor allem alles Emotionale. Das Emotionale ist der Zugang zur Seele. Was sich gut anfühlt, mache ich weiter, was sich nicht gut anfühlt, möchte ich nicht tun müssen. Ich möchte mich selbst nicht mehr übergehen, auch wenn ich bei mancher Sache körperlich in der Lage wäre, es zu tun. Ich muss lernen, auszuhalten, dass diejenigen, die nicht selbstliebend für sich sorgen, wütend werden, wenn ich einen Auftrag nur ablehne, weil er mir emotional im Nachhinein nicht guttäte. Vor allem, wenn ich aus Selbstschutz meine Grenze offen zugebe und sie weich nach außen vertrete, geraten gerade diejenigen, die das nicht einsehen, in Zorn und teilweise in wütende Verzweiflung. So ziehe ich manchmal Zorn auf mich, weil ich etwas nicht tun möchte. Das bringt so manchen Menschen in meinem Umfeld einfach zu sehr durcheinander, dass mir bewusst ist, dass ich jederzeit die freie Wahl habe. Viele Menschen haben auch an diesem Punkt noch nicht genug Verbindung zu ihrer eigenen Seele, um erfassen zu können, dass sie selbst genauso wie ich die Wahl haben für alles, was in ihrem Leben und in ihrem Alltag geschieht. Sie müssten es sich nur wert sein, über sich selbst zu bestimmen und anderen die Macht über sich wieder absprechen. Sie sind ihr eigener Chef. Niemand sonst. Sie sind für sich verantwortlich. Niemand sonst. Sie können glücklich, nächstenliebend und eines Tages weise werden. Niemand kann das für sie übernehmen. Insgesamt ist das für mich eine wirklich doofe und schwierige, aber notwendige Übung. Ich lerne gerade auszuhalten, wenn ich jemandem so, wie ich jetzt achtsam mit mir selbst umgehe, nicht in den Kram passe. Schließlich hatte auch ich von Geburt an gelernt, mich zu fügen und mich harmonisch immer so anzupassen, dass ich niemandes Weltbild ins Wackeln bringe. Ich neige dazu, Harmonie anzustreben und ich hasse Konflikte, die nicht sein müssen. Sie sind mir sehr unangenehm und ich habe es dann schwer, mit Disharmonie zurechtzukommen. Ich bin ganz ehrlich, das muss ich im Auge behalten. Sich selbst zu mögen und sich immer wieder neu anzuerkennen ist harte Arbeit."

16.06.2019 - Liebe und Eigenliebe

Llano: „Dann tu es doch einfach. Du wolltest Liebe lernen, da ist sie. Die Liebe zu sich selbst. Nur dann kannst Du weiterhin wahrhaftig Gutes für uns tun. Und für viele andere. Für Tiere und für Menschen. Nur, wenn Du Dich selbst abgrenzt und selbstachtend liebevoll und überzeugt für Dich sorgst, wirst Du eines Tages diejenige sein, die nicht nur Pferde, die Natur und andere Tiere liebt, sondern eines Tages auch Menschen. Du hast viel Leid und Unrecht gesehen. Meistens ging es ursächlich von Menschen aus. Mitzuleiden ist nicht die Antwort auf gesehenes Leid. Du hast viel Leid erlebt. Das war nötig, um mitfühlen zu können und Deine tiefliegenden Muster und Überzeugungen zu erkennen. Doch die Schöpfung ist Liebe. Pure Liebe. Wenn Du beginnst, Dich kompromisslos zu lieben, erwächst daraus eines Tages, auch andere Menschen kompromisslos zu lieben. Ihre Natur und ihre verletzliche Seele. Nicht ihr Auftreten, ihr Handeln oder die Fassade ihres Egos. Du lässt Dich noch von Illusionen und Äußerlichkeiten täuschen. Ego ist nur ein Instrument, eine Schutzfunktion. Die Menschen, die rau und grob sind, schützen nur ihre verletzten, schmerzenden Anteile, ihr inneres Kind. Im Kern seid ihr euch so ähnlich. Und ihr seid alle eins. Ihr stammt alle aus derselben Quelle. Und ihr seid alle hier, um euch verletzen zu lassen, um daraus zu lernen. Ihr alle dürft lernen, euch zu lieben. Diejenigen, die sich selbst schon lieben können, können auch andere lieben. Euer Wesen ist Liebe. Ihr seid nur zu verstrickt in die vielen verletzenden Täuschungen, die ihr nicht verstanden und noch weniger verarbeitet habt."

Ich schaute Llano mit hochgezogenen Augenbrauen ratlos und fragend an:

„Und wie mache ich das? In der Theorie ist mir das alles längst klar. Aber es ist so schwer, es umzusetzen. Wie soll ich denn Menschen lieben, wenn ich sehe, dass sie der Natur, den Tieren, euch Pferden so viel Leid antun? Ich kann schwer Verständnis dafür aufbringen, dass sie oft nicht das tun, was nötig ist, um sich und anderen Leid zu ersparen. Dann werde ich wütend. Auch, wenn das nicht richtig ist. Es frustriert mich so sehr, dass ich vor Wut nur noch sprachlos weinen und mich fassungslos zurückziehen kann. Ich fühle mich dann ohnmächtig und bin total überfordert."

Llano: „Dann weite Deine Nachsicht aus. Ihr Menschen seid langsam. - Du übrigens auch. Auch, wenn Du das nicht so gern hörst. Für einen Menschen scheinst Du relativ schnell, doch Du bist ganz irdisch langsam, genau, wie all die anderen. Das ist nicht nur normal, das ist auch ganz natürlich. Du lebst in einer linearen Zeitvorstellung mit Vergangenheit, Gegenwart und Zukunft. Das muss so sein, sonst würdet ihr Menschen das Leben nicht verkraften. Ihr braucht dazu gemäß eurer jetzigen Möglichkeiten noch Zeit. Viel Zeit.
Ihr müsstet eure Auffassung vom Leben, so wie es euch gelehrt wurde, komplett loslassen und überdenken, wenn ihr etwas

ändern wollt. Ihr müsstet euren inneren Beobachter einschalten und selbst sehr diszipliniert sein, euch überhaupt bei dem sehen zu wollen, was ihr tut. Und ihr müsstet bereit sein, die Folgen eures Handelns zu sehen. Ihr seid so verblendet von dem, was ihr seht und was ihr meint zu sein, dass ihr vernachlässigt, euch dabei zu betrachten, *wie* ihr etwas tut. Es geht nicht darum, was ihr tut. Es geht darum, *wie* ihr etwas tut. Sowie ihr Angst bekommt, habt ihr zu dieser Ebene eures Selbst keinen Zugang mehr. Ihr überspringt nur zu gerne, eine Sache die euch geschehen ist, im Nachhinein in Ruhe anzuschauen. Ihr begreift so oft gar nicht, wofür die Situation notwendig und sogar gut war. Ihr wertet euer Leben nicht aus. Viele von euch machen zwar den Anfang, eine Situation zu überdenken und sie zu reflektieren. Aber ihr lasst dem Verstand meist den Vorrang. Ihr könnt die Liebe in euch nicht spüren, wenn ihr Stress oder Not etabliert habt. Lerne, alles mit dem Herzen zu sehen. Die Vergangenheit, die Gegenwart und dann, wenn ihr wisst, wozu eine Sache gut war, dann auch die Zukunft. Wer jede Situation angemessen, also von Herzen, verdaut, kann in der nächsten Situation rein und frisch vertrauen. Doch ihr verdaut oft nicht, was geschehen ist oder was ihr gesehen habt. Du hast jetzt viele Jahre damit verbracht, die ersten Jahre Deines Lebens zu verdauen. Dann hast Du gelernt, zu verzeihen. Nicht nur jedem Menschen und jedem Tier, dass Dir Schaden zugefügt und Dich verletzt hat, sondern auch der Gesellschaft, der Menschheit, dem Leben selbst und so auch dem, was Du Gott nennst."

Ich: „Stimmt. Ich habe wirklich an Gott und an der Schöpfung gezweifelt."

Llano: „Dann hast Du auch an der Liebe gezweifelt.“

Ich: „Stimmt. Ich dachte früher immer, ich müsste etwas dafür tun, um geliebt zu werden. So werden wir alle gesellschaftlich erzogen. Tu viel, dann bekommst Du viel. Tu wenig, dann bekommst Du wenig oder nichts. Viel zu tun hat mir dann viele Jahre viel Respekt, Lob und Anerkennung eingebracht. Das hat sich eine Weile auch wirklich gut und richtig angefühlt. Es hat eine Weile ganz gut funktioniert.“

Llano schaut mich mit großen Augen an.

Llano: „Und mochtest *Du Dich* deshalb mehr?“

Ich sinne einen Moment nach.

Ich: „Nein. Wenn ich viel gearbeitet oder gelernt habe, dann habe ich immer nur gesehen, was ich alles nicht schaffe und woran es noch mangelt.“

Llano: „Hast Du auch das noch nicht bis zu Ende ausgewertet?“

Ich: „Doch, ich dachte schon.“

Llano: „Nein. Hast Du nicht. Du weißt noch immer nicht, dass es auf Deinem Weg nötig war, viel zu lernen, stets bereit zu stehen für die nächste Aufgabe und alle Grenzen zu erreichen und auszuweiten. Es war nötig, diese Grenzen zu erreichen und zu sehen, dass Lob und Anerkennung keinen Wert haben, wenn Du es nicht in Deinen Kern vordringen lässt. Du benimmst Dich manchmal noch, als wärst Du an all dem schuld, was der Natur und den Tieren durch die Menschen geschieht, nur weil Du eine von ihnen bist. Du bist nicht nachsichtig genug gegenüber ihrem Entwicklungsweg. Menschen machen Fehler, um zu lernen. Wenn Du sie dafür verurteilst, tust Du ihnen und vor allem Dir selbst weh. Urteilen und werten tut immer weh. Weil ihr euch dann mit Hilfe des Egos beurteilend auf eine Situation bezieht, die nicht im Jetzt ist. Beurteilungen und Bewertungen, die auf vergangenen Situationen aufbauen, sind Geschichten. Täuschungen. Eine Situation kann alles sein, viel mehr als Deine Interpretation. Und diese Interpretation ist es, die Dir weh tut. Im Jetzt siehst Du vielleicht das Resultat von einer Handlung. Die Handlung jedoch ist längst vorüber. Und auch wenn Menschen hätten handeln müssen, es aber nicht getan haben und es entsteht daraus eine negative Folge, dann ist die Situation an sich schon vorbei. Sich daran festzuhalten oder darauf emotional wütend oder verständnislos zu werden, ist Energieverschwendung. Es ist nicht mehr zu ändern. Und muss auch nicht bewertet werden. Und es braucht sich auch darüber nicht das Ego zu erheben, um sich gut zu fühlen."

Ich: „Aber soll ich es sang- und klanglos ignorieren, dass sie nicht oder falsch gehandelt haben? Dann lernen sie ja gar nichts. Und dann handeln sie nächstes Mal wahrscheinlich wieder so. Ich meine, Menschen, die Tiere haben, sollten wachgerüttelt werden, um etwas zu ändern, wenn es den Tieren nicht gut geht. Oder nicht?"

Llano: „Du kannst keinen Menschen ändern. Entweder, er ändert sich selbst durch Einsicht in die Situation oder er ändert sich nicht. Es liegt nicht in Deiner Hand. Du kannst niemanden lehren, der die Lektion nicht sehen kann oder will. Sich zu verändern ist seine persönliche Entscheidung. Veränderung hat nur Wert, wenn es eine Entwicklung gibt, ansonsten wäre es ja Anpassung. Und das Ego anzusprechen, macht keinen Sinn."

Llano macht eine Pause. Dann leckt er sich die Lippen und kaut. Er scheint tief in sich und seinem Erfahrungsschatz gegraben zu haben. Dann schnaubt er einige Male und sieht mich wieder interessiert und direkt an.

16.06.2019 – Durch Machtverzicht in die Freiwilligkeit

Llano: „Du wolltest von mir eines Tages, dass ich fliegende Galoppwechsel lerne. Hast Du sie bekommen, weil Du sie von mir wolltest?"

Ich: „Nein. Wir haben zwar ein paar Wochen geübt, aber wir haben es nicht ordentlich hingekriegt."

Llano: „Genau. Weil Du so sehr wolltest. Das hat so einen Druck auf mich gemacht, dass ich nicht in der Lage war, mich Deinem Willen zu beugen. Im Gegenteil. Mein Wollen, es nicht zu wollen, wurde groß wie ein Ungeheuer. Weißt Du noch, was Du getan hast, als Du bemerkt hast, dass ich das, was Du Dir wünscht, nicht wollte und ich mich voller Widerstand hartnäckig sträubte?"

Ich: „Ich habe nichts dergleichen mehr getan. Ich war frustriert, gedemütigt und ich empfand Dich als stur, bockig, unkooperativ und sogar als undankbar. Wir haben mit dem Training dieser Art aufgehört. Ich habe mich in die Überzeugung gerettet, dass Du das aufgrund körperlicher Schwierigkeiten nicht können kannst. Das wiederum fiel mir dann leicht zu akzeptieren. Ich kann besser akzeptieren, wenn jemand nicht kann, als dass jemand nicht will."

Llano: „Und erinnerst Du Dich noch, wann das war und wie es dann weiterging?"

Ich: „Natürlich. Unsere interne Meinungsverschiedenheit war irgendwann Anfang November, vielleicht im Jahr 2004 oder 2005. Dann war ich eine Zeit nicht so motiviert, vielleicht auch ein bisschen sauer, dass es nicht funktionierte, und dass *Du* nicht richtig funktionierst oder ich das, was ich da von Dir wollte, nicht richtig anleiten kann. Und das als Trainerin. Ich habe mich mit etwas abgelenkt, was auf dem Hof instand zu setzen war und Dich in Ruhe gelassen. Nach ein bis zwei Wochen war mein Frust verflogen und ich konnte Dir neutral begegnen, ohne immer daran denken zu müssen, dass wir etwas nicht geschafft haben. Dann war in die Beziehung zu Dir wieder Ruhe eingekehrt."

Llano: „Genau. Und dann?"

Ich: „Aaaahhhhh! Dann kam Weihnachten und wir hatten endlich einmal in Ruhe und ohne Druck Zeit, gemeinsam auszureiten. Es lag etwas Schnee und der Boden war leicht gefroren. Das Wetter war herrlich und wir ritten am ersten Weihnachtsfeiertag morgens um zehn Uhr im Sonnenschein und bei ganz klarem Himmel los. Wir waren beide sehr motiviert und gut gelaunt. Ich erinnere mich sehr gut daran. Es fühlte sich an wie eine Sternstunde. Wir waren beide etwas übermütig. Dann kamen wir auf einen Weg hinten im Moor, der zuvor zur Maisernte viel von schweren Landmaschinen befahren worden war. Der Weg war danach so sehr zerfurcht gewesen, dass ein Landwirt aus der Nachbarschaft diesen Weg mit der Walze wieder in Ordnung gebracht hatte. Ein herrlicher, breiter, schön gewalzter Sandweg war das. Nur in der Mitte war noch eine ganz schmale, etwas erhöhte Kante. Und –Aaaahhhh! – Wir sind ganz langsam galoppiert, genau in der Mitte des Weges. Du schienst Dir nicht ganz sicher, ob Du rechts oder links von der Kante galoppieren wolltest und ich hielt Dich genau in der Mitte, weil der Weg dort den am wenigsten rutschigen Eindruck machte. Du sprangst mit den Vorderhufen mal links, mal rechts in den Galopp und ich entlastete Deinen Rücken, damit ich Dir nicht ins Kreuz falle, wenn die Hinterhufe mal nicht so schnell im Galopp umspringen. Und dann hast Du mir fliegende Galoppwechsel geschenkt! Ganz von allein. Einfach, weil sie entstanden sind. Den ganzen Weg entlang."

Llano: „Ja, und weil Du nicht so stark wolltest! Dein Nichtwollen hat es mir möglich gemacht, dass ich Raum zur Entfaltung hatte. Da konnte ich gut kreativ werden und musste mir etwas einfallen lassen, wie ich mit der Kante in der Mitte des Weges zurechtkomme. Die Galoppwechsel waren die beste Möglichkeit, damit umzugehen. Sie waren angebracht und sie machten aus mir heraus in dem Moment Sinn."

Ich: „Und ich habe mich während des ganzen Weihnachtsfestes sehr darüber gefreut! Was für ein Geschenk! Vor allem, weil ich den Eindruck hatte, dass es Dir Spaß gemacht hatte!"

Llano: „Und? Hast Du die Lektion nun verstanden?"

Ich: „Ja. Habe ich. Danke. Wenn ich weniger will, entsteht weniger Druck. Dadurch entsteht ein Raum für mein Gegenüber, egal ob Mensch oder Pferd, in dem er, sie oder es sich kreativ so entfalten kann, wie es in der Situation individuell sinnvoll von Nutzen ist. Dann können Dinge geschehen, mit denen ich nicht gerechnet habe. Das bedeutet Freiheit und die Möglichkeit der Kreativität für den anderen, oder?"

16.06.2019 – Die Bedeutung von Frieden und Freiheit

Llano: „Ich würde sagen, Freiheit im indirekten Sinne. Freiheit verbinde ich noch mit etwas ganz anderem. Aber es ist in erster Linie die Freiheit von Angst, zu etwas gezwungen zu werden, was man selbst gerade gar nicht fühlt. Das bedeutet Freiheit von Stress. Freiheit von zu hoher Anforderung. Freiheit von schmälernder Bevormundung. Freiheit von erdrückender Erwartungshaltung. Du weißt, was Stress ist und was Stress mit einem Lebewesen macht."

Ich: „Stimmt. Das weiß ich ganz genau. Ich habe das Gefühl, ich stand mindestens sechzehn Jahre unter Stress. Mein Körper fing dadurch an zu schmerzen, meine Gedanken wurden weniger flexibel und kreativ, meine Sehnen und Bänder im Rücken haben sich extrem verkürzt, meine Muskeln wurden bretthart. Ich konnte selten frei das machen, was meine innersten Bedürfnisse betraf. Andauernd machte ich mir Stress. Meist, um die Erwartungshaltung anderer zu erfüllen, damit sie zufrieden sind und die Harmonie bestehen bleibt."

Llano: „Bei uns ist das mit dem Stress auch so, dass er uns lähmt. Und dann sind wir weder im Körper, noch im Geist flexibel oder beweglich. Wenn ein Pferd in der Herde Stress spürt, betrifft das immer auch alle anderen. Einfach weil Stress eine Ausstrahlung hat, die andere Herdenmitglieder informiert, dass hier etwas nicht stimmt und das wir als Herde auf der Hut sein sollten. In der Natur macht uns nur Stress, was uns bedroht. Davor muss sich nicht nur ein einzelnes Pferd schützen, sondern die ganze Herde muss aufpassen. Wir sind miteinander verbundene Wesen. Was dem einen geschieht, das spüren alle. Das ist die Natur der Herde. Verbundenheit. Wir teilen alles, selbst die Wahrnehmung. Wir sind kollektive Lebewesen.
Ihr Menschen seid wahrscheinlich die einzige Wesensgruppe, die sich das immer wieder abspricht, weil ihr es nicht mehr spüren könnt. Ihr lernt sehr früh, dass ihr Individuen seid und jeder einzigartig ist. Das ist auch so. Aber nur äußerlich, an der Oberfläche. Ihr seid ebenso miteinander verbunden wie wir. Wenn Du durch verständnisvolle Augen schaust, dann entsteht kein Druck und dadurch kein Stress. In der Gegenwart eines liebenden, befürwortenden Menschen entwickelt sich alles zum

Besten. Du brauchst dann gar nicht mehr viel zu tun. Es ist allerdings wichtig, dass Du das Wesen Deines Gegenübers betrachtest und nicht seine Oberfläche oder seine sich aufdrängende illusionäre Lebenssituation. Die Persönlichkeit ist nur ein Teil von dem, was Dein Gegenüber Dir zeigen will, die Situation nur das Resultat seiner Verstrickungen, Programmierungen, Muster und Unklarheiten. Sein Wesen ist versteckt unter der Oberfläche. Je unbewerteter und angenommener er sich fühlt, desto offener und freier kann er sich zeigen. Das kennst Du doch von den vielen Pferden und Menschen, die bei Dir Rat gesucht haben und bei denen Du allein durch verständnisvolles Dasein wirken durftest."

Ich: „Danke. Das ist der Punkt. Danke. Das habe ich sogar schon oft erlebt, aber ja, wie Du gesagt hast, das hatte ich noch nicht bis zu Ende ausgewertet. Oft bin ich intuitiv friedlich und nicht bewertend während meiner Arbeit als Pferdetherapeutin zu Pferden gegangen, denen es nicht gut ging. Wenn ich sie sah, begrüßte ich sie friedvoll. Und dann berührte ich ihre Körper liebevoll. Ich habe mir einfach vorgestellt, dass aus meinen Händen Liebe strömt und sie ihnen geschenkt. Bedingungslos und voller Fülle. Und dann begann das jeweilige Pferd zu gähnen, sich die Lippen zu lecken und zu kauen. Die Muskeln entkrampften sich und es entspannte sich sogleich. Der gesamte Körper unterlag einer Veränderung durch Entstressung."

Llano: „Ja, Du hast eine friedvolle, liebende Ausstrahlung, wenn Du so zu den Pferden gehst. Das weiß ich aus eigener Erfahrung. Aber im Kern geht es hier nur darum, wie Du dann *bist*, nicht was Du *tust*. Erinnere Dich. Was geschah jeweils mit den anderen Pferden der Herde, wenn Du mit einem Einzelwesen so achtungsvoll und bewusst gearbeitet hast?"

Ich: „Die anderen haben mich mit dem einen Pferd aufmerksam beobachtet und begannen kurz darauf ebenfalls, sich zu entspannen, zu lecken, zu gähnen und zu kauen. Einige sahen danach kleiner und der Erde näher aus. Und ihre Körper schienen kompakter. Blockaden wichen ohne mein Zutun."

Llano: „Ja, Frieden erdet. Entspannung erdet. Dann bringst Du uns zurück in die Verbindung mit Mutter Erde. Dann können die Seelen ganz in die Körper eintauchen und jedes Lebewesen kann bei sich ankommen und den Boden unter den Füßen spüren. Das ist Frieden. Und Frieden bringt Heilung."

Ich: „Aber Llano. Das würde ja bedeuten, dass das nicht Vorhandensein von Angst schon Heilung ist?!"

Llano: „Das stimmt. Wenn wir Pferde keine Angst haben, entspannen sich unsere Körper. Die Chakren öffnen sich und die Energie im Körper kann fließen und sich selbst regulieren. Ihr Menschen habt so viele Ansätze, wie jemand zu therapieren ist, dass es dem betroffenen Menschen oder Pferd fast schon wieder voller Erwartung in Heilungsstress versetzt. Diese Erwartung ist dann so hoch, vor allem, wenn ihr euch mit dem Helfer-Dasein identifiziert. Dann wollt ihr so viel. Und euer Gegenüber spürt den Druck der Erwartungshaltung, unter dem ihr steht, vor allem, wenn ihr dann noch „gut" und „richtig" handeln wollt. Wenn ihr auf der Suche nach Respekt, Achtung oder Anerkennung seid, wirkt ihr am Schlimmsten. Der Druck überträgt sich im Nu auf das Pferd und dann will es natürlich spiegelnd auch gut und richtig sein und strengt sich an. Die meisten Pferde, die von Mensch gehalten werden, haben gelernt, dass sie funktionieren und alles richtig machen müssen. Sie gehen mit euren unterbewußten Programmen und Prägungen in Resonanz und spiegeln eure Ängste und Sorgen. Einige dieser Pferde wissen, dass sie Ärger bekommen, wenn sie eure Erwartungen enttäuschen. Ihr nennt das fälschlicherweise „Korrektur". Einige Pferde bekommen durch die Erwartungshaltung die Angst, zu versagen. Einige haben die Erfahrung gemacht, dass sie getadelt werden, wenn Lektionen nicht richtig umgesetzt werden und haben Angst vor Strafe. Bei anderen entsteht Verwirrung, weil sie nicht verstehen, was ihr wollt. Sie erkennen nicht, wozu das gut sein soll, was ihr tut. Könntet ihr aufhören mit diesem starken Wollen, würde auch keine Erwartungshaltung und keine eurer starken, zum Teil dominanten Prägungen übertragen werden. Dann entsteht weniger Druck. Dadurch entsteht weniger Stress. Mache Dir bewusst, dass jede Art von Stress auf Angst zurückführt. Und die Angst führt direkt über die Nerven ins Gehirn. Dort schaltet das Gehirn automatisch auf lebenserhaltene Strategien und Reflexe im Stammhirn um. Das führt unumgänglich in eine Situation, die von uns willentlich nicht mehr beeinflussbar ist. Dann sind wir pures, instinktgeladenes Fluchttier."

Ich: „Also kann ein Pferd mit Angst nicht heil werden?"

16.06.2019 – Im Zentrum der Heilung

Llano: „Ja. Kein Pferd kann sich unter Stress entwickeln oder entfalten. Gestresst kann ein Pferd nicht lernen, sich nicht konzentrieren, sich nicht entspannen und nicht heilen. Am besten, ihr lasst uns dann mitsamt unserer Herde in die Natur und überlasst uns uns selbst. Dann können wir rennen, um den Stress loszuwerden. Oder wir wälzen uns, um uns zu erden. Oder wir spielen und toben miteinander und schlafen danach im schützenden Rahmen der Herde, um wieder ganz bei uns selbst, unserer Sicherheit und unserer Lebensfreude anzukommen. Stuten werden dann manchmal blitzartig rossig. Das ist zwar in der von euch aufgebauten Lebenssituation für Pferde auch ein eventuelles Stresssymptom, das bei der Eingliederung in die Herde dem Selbstschutz dienlich ist, aber es verbindet ungemein mit der Natur und mit den anderen Pferden. Die Schwingung einer rossigen Stute ist so stark, dass die ganze Herde unmittelbar auf ihre instinktive Natur zurückgeworfen wird. Dann können wir die Erwartungshaltungen, die ihr Menschen uns macht, und den Druck, der daraus resultiert, gut vergessen. Wir sind uns dann selbst am nächsten und finden zurück zu uns. Das ist Heilung. Sogar die natürlichste Form."

Ich: „Dann müsst ihr von uns heilen... Das ist ja sehr bedauerlich und stimmt mich sehr nachdenklich!"

Llano: „Ja, ist es. Heilung bedeutet immer auch Erholung von Fremdeinflüssen. Dazu hast Du selber viele intensive Erfahrungen gemacht. Auf dem damaligen Hof waren wir dann immer für Dich da und manchmal war es sehr schwer, Dich aus fremder Schwingungsfrequenz zu befreien. So geht es vielen Pferden im umgekehrten Fall auch."

Ich: „Ja. Das stimmt auch schon wieder. Ich hätte an so manchen Tagen, nach meiner psychologischen Arbeit mit Menschen nicht gewusst, wie ich selbst wieder klar zu mir hätte kommen können, wenn ich euch nicht gehabt hätte. Ich war dann so voll von allem, was ich gesehen und gehört hatte. So gefärbt von Stimmungen, so dass ich meine eigene kaum mehr wahrnehmen konnte. Meine Energien waren wie fremdbeeinflusst, als hätte jemand an meinen persönlichen Reglern gestellt und mir den eigenen Sender verstellt. Dann war da nur ein undurchdringliches Rauschen. Ich habe mich dann gar nicht mehr als mich selbst gespürt, sondern war in dem Drama der vorangegangenen Stunde verstrickt und konnte es kaum verdauen, in welcher Situation die Person steckte.

Ihr wart zu der Zeit, in der die psychologische Arbeit ihren Höhepunkt auf dem Hof hatte, eine Gruppe von acht bis zehn Pferden. Ihr wart Pferde jeden Alters, die meisten von euch waren mittlerweile aus ihrer einstigen Ursprungsverletzung gesundet, und habt als Reittherapiepferde oder im Beziehungsunterricht gearbeitet, so, wie ihr gerade konntet und wolltet. Die Herde war über die Jahre in Ruhe gewachsen, Ihr kanntet euch gegenseitig gut und wart ein gut eingespieltes Team von Stuten, Wallachen und Hengsten. Wie eine natürlich gewachsene Familie. Jedes Pferd kannte das andere bis in das letzte Detail. Ihr hattet zwar jeder eine unverwechselbare, charakterstarke Persönlichkeit, aber im Grunde wart ihr eins."

Zu der Zeit hatte ich meine pädagogische Coachingarbeit mit schamanischen Techniken und quantenphysikalischen Gerätschaften der modernsten Naturwissenschaft kombiniert. Mein zentrales Thema der Heilung war die Gesundung der Seele. Dafür bot ich an, Menschen, die diese Hilfe wollten, zu unterstützen. Der ungewöhnlichen Zusammenstellung meiner Einheiten war zu verdanken, dass einzelne Personen sehr schnell Fortschritte machten, um ihre selbstgestrickten Lebensmuster aufzudecken, zu erkennen und ändern zu können. Das führte hier und da sogar zu spontanen kleinen Wundern. Das sprach sich sehr schnell herum. Und ehe ich es mich versah, kreuzten immer mehr Menschen meinen Weg und kamen zum Coaching. Mit wachsendem Ruf wuchs auch die Erwartungshaltung jener, die mich besuchten. Und nach einer Weile kamen immer mehr unheilbar kranke Menschen zu mir, in der Hoffnung, noch etwas bewegen und sich retten zu können. Vielen waren allerdings sehr spät dran, sich auf den Weg zu machen. Die krankhaften Schwingungen hatten sich so tief in die Zellen manifestiert, dass im Körper nichts mehr rückgängig gemacht werden konnte. Zumindest nicht von mir. Und das schienen sie zu erwarten. Doch das war etwas, was ich nicht leisten konnte, weder zu der Zeit, noch zuvor. Das einzige, was ich in den Coachings den Menschen aufzeigen konnte, war die Selbstverantwortung und der Weg in die Eigenliebe. Mit diesen beiden Werkzeugen konnten sie ihre Heilung dann selbst etwas anschieben. Einigen gelang es, anderen nicht. Doch diejenigen, die mit starken manifestierten Symptomen kamen, gehörten zu einem Arzt, und nicht zu mir. Wenn ich ihnen das klarmachte, wurden sie oft wütend oder weinten hoffnungslos. Und das belastete mich sehr. Eine Frau ging nach einer erfolgreichen Coaching-Einheit einmal zu ihrem parkenden Auto und sah mich mit fragendem Blick an:

Die Kundin: „Wie schaffen Sie das eigentlich? Sich den ganzen Tag die Dramen, Sorgen und Katastrophen der Menschen anzuhören? Schicksalsschläge, Unfälle, psychisches Durcheinander, verwirrte Lebenssituationen? Was machen Sie mit all diesen aufgenommenen Emotionen?"

Ich: „Dann gehe ich danach zu meinen Pferden. Ich geselle mich in die Gruppe, teile das, was dort gerade alle tun, füge mich ein und werde für den Moment eine von ihnen. Danach gehe ich vielleicht noch abäppeln und mache die Paddocks sauber. Sauber von all dem Mist. Den sehe ich stellvertretend als den Mist, mit denen die Menschen so belastet zu mir kommen. Und dann räume ich einfach den Mist weg. In der Sitzung zuvor den unsichtbaren, danach den sichtbaren. Und dann dusche ich kalt und dann geht es mir wieder gut."

Das antwortete ich zu der Zeit voller Überzeugung. So leicht war es aber in Wahrheit nicht immer. Und ehrlich gesagt immer seltener. So lange ich nur eine Coaching-Einheit am Tag hatte, ging die Rechnung eine Zeit lang auf. Doch dann kamen zwei Menschen pro Tag, manchmal drei und am Ende wusste ich nicht einmal mehr, wie mir geschah. Ich ging immer danach zu den Pferden, doch waren auch von denen die vielen negativen Impulse, denen ich zuvor im Coaching ausgesetzt war, nicht mehr auffangbar. Zuerst war ich es, die in die Herde ging, um wieder ein Teil von meiner Familie zu werden. Ich stellte mich zwischen die ruhenden Pferde und ließ mich von ihrer sanften, gelassenen und friedvollen Stimmung wieder zurückholen in eine fröhliche und leichte Schwingungsfrequenz. Dann ging es mir wieder gut. Doch eines Tages waren die Eindrücke, die ich aufgenommen hatte, zu stark. Llano war es dann, der sich zu mir gesellte und damit anfing, die Außenseite meiner

Beine von oben nach unten kraftvoll abzulecken. Er befreite damit den Gallenblasenmeridian von Blockaden und förderte das Loslassen von allem, was ich gesehen, gehört und gespürt hatte. Er rettet mich und mein Energiesystem auf diese Weise von Frustration und daraus resultierendem Groll. Andere Pferde lernten mit der Zeit von ihm und taten es ihm gleich. Es hat eine Weile gedauert, bis ich verstand, was sie genau taten. Mir ging es danach zwar viel besser, doch ihnen ging es danach nicht gut. Manches verblieb in mir, weil ich ihren therapeutischen Einsatz unterbrach, damit es ihnen nicht zu sehr an die Substanz ging. Sie selbst konnten auch nicht immer alles von dem loslassen, was sie bei der Befreiung meines Energiekörpers spürten und energetisch aufnahmen. Sie konnten nicht verstehen, woher es kam und warum ich immer wieder voll davon war. Manches war Pferden so fremd und für sie unnatürlich, dass sie es nicht verdauen konnten. Mein pferdisches Therapeutenteam, das mir nach meiner Arbeit immer so sehr geholfen hatte, litt unter Fremdeinfluss, den *ich* unaufhörlich mit ins System schleuste. Das zehrte an ihren Kräften. Zuerst brauchten sie plötzlich große Mengen Kraftfutter, um in ihrer Kraft und Stärke zu bleiben. Dann änderte sich die Ausstrahlung und die Stimmung der ganzen Herde. Einige schienen immer trauriger zu werden, andere gereizter. Mir wurde bewusst, woran das lag. Das, was ich mir zumutete, war für uns alle zu viel. Um meine Herde zurück in die Gesundheit zu führen, brauchten sie sich, ihre Natur und eine unbelastete, freie Tanja. Mit der Erkenntnis änderte ich umgehend meine Arbeitsweise und orientierte mich schwerpunktmäßig zurück zu den Pferden. Ich coachte drei Jahre lang keine Menschen mehr und machte Dramen-Pause. Ich arbeitete viel an mir selbst, mit dem Ziel, meinen Energiekörper stets wieder selbst befreien und reinigen zu können, ohne jemand anderen, weder Pferd noch Mensch, dafür zu benötigen. Ich war in eine Abhängigkeit gerutscht. Ohne die Hilfe der Pferde wäre ich wahrscheinlich sehr krank geworden. Die Ansätze waren schon da. Doch die Belastung war selbst für meine erfahrene Herde zu groß. Wenn ich wollte, dass es ihnen wieder gut ging, musste ich damit aufhören, mich so sehr zu belasten. Der Schlüssel für das Wohlbefinden einer ganzen Herde lag somit in mir und der Art meiner Lebensführung. Ich beschloss, nur noch Pferde und ihre Halter zu coachen und zu unterrichten, die sich entwickeln *wollten*. Ob das so richtig war oder nicht, sah ich an den eigenen Pferden. Hatte ich mich wieder darauf konzentriert, Pferde-Menschen-Teams fortzubilden und für eine Verbesserung ihrer Lebenssituation für ein gutes Jetzt und somit folglich für eine gute Zukunft zu sorgen, ging es mir immer gut und ich konnte den Einfluss ihrer Energien auf mich stets nach Beendigung der Stunde ohne Hilfe loslassen. Es ging um Wissensvermittlung, Fortbildung, Entwicklung, Entfaltung und Freude am Tun. Wenn ich aber dort hineinrutschte, mir die schaurigen Geschichten der Vergangenheit der Menschen anzuhören, das, was ihnen und ihrem Pferd in ihren Leben in der Vergangenheit alles geschehen war, katapultierte es mich hinaus aus dem Jetzt und hinein in ihr für mich fremdes, schattenbehaftetes Drama. In ihre Illusion. Danach ging es mir immer nicht so gut und mein Energiefeld wies lauter Schatten auf, die es schwer war loszulassen. An der Art und Weise wie Llano mich dann ansah, erkannte ich immer sofort, dass ich wieder einmal an meinem Ziel vorbei gearbeitet hatte. Ich hatte es wieder einmal versäumt, meine Grenzen zu achten und sie selbstliebend zu ziehen. Und all das nur, um niemanden zu enttäuschen oder im stich zu lassen.

16.06.2019 – Verbundenheit mit der Natur

Llano hält inne und holt mich und meine Gedanken zurück:

„Du bist ein Teil von unserem Einssein, genau wie jedes Pferd in der Herde zähltest auch Du vollständig dazu. Ist Dir das bewusst geworden?"

Es scheint so, als würde er wollen, dass ich dazu Stellung beziehe. Er schaute mich neugierig und forschend an.

Ich: „Ja, das ist mir nicht nur bewusst geworden, sondern das empfinde ich auch als unglaublich große Ehre, die mir zuteilwird, als ein Teil von euch gesehen und in der Herde als Mitglied aufgenommen zu sein. Etwas Bedeutenderes gibt es für mich nicht."

Ich spüre die Achtung davor, als ein Teil von etwas so Natürlichem angenommen zu sein, wie einer Pferdeherde. Eine funktionierende Pferdeherde ist für mich der Inbegriff der Natur. Davon ein Teil zu sein bedeutet, dass auch ich Natur bin. Aufgenommen, angenommen und vollkommen akzeptiert. Das ist ein großes Geschenk für mich. Das ist das, wonach ich mich immer gesehnt habe. Ich habe versucht, dieses unvoreingenommene Angenommen-Sein in der Menschenwelt zu finden. Doch die meisten Menschen können das (noch) nicht oder nicht mehr. Wir Menschen neigen zur Voreingenommenheit. Wir schauen einander an und meinen, etwas über den anderen zu wissen. Wir glauben zu wissen, wer der andere ist. Aber wie könnten wir wissen, wer der andere hinter seiner Fassade ist? Wir wissen doch selbst kaum, wer wir sind. Wir haben von uns selbst oft gar keine Ahnung, wie facettenreich wir sind und wozu wir alles in der Lage wären, wenn wir uns voll entfalten würden. Und weil wir Angst vor Bewertung und Verurteilung haben, die uns oft so sehr weh tut und schmälert, trauen wir uns gar nicht, einander unsere weiche, zerbrechliche und verletzliche Seite zu zeigen. Dann neigen wir zu Vorurteilen.

Ich: „Bei euch Pferden kann ich sein, wie ich bin. Ihr seht. Und ihr versteht. Und ihr macht daraus kein Muster und keine Bedingung. Wenn ich heute so bin und morgen anders, dann ist das für euch Natur. Eine vollständig akzeptierte Natur. Der Wandel und die Veränderung in einem gewissen Rahmen gehören für euch ganz natürlich zum Leben dazu. Ihr habt mehr als fünfzig Millionen Jahre mit eurer evolutionären Entwicklung verbracht und euch stets neu an Veränderungen der Erde und eures Lebensraums, angepasst. Hättet ihr das nicht geschafft, dann wärt ihr jetzt nicht mehr auf dem Planeten Erde. Ihr habt so viel Großzügigkeit gegenüber Veränderung und so viel Verständnis für Entwicklung. Das ist für euch so selbstverständlich wie das Leben selbst. Nur wir Menschen scheinen zu glauben, dass unser Sein fest und wenig veränderlich ist. Das ist das Gegenteil von persönlicher Evolution. Ihr Pferde schenkt den Menschen, die an sich arbeiten, so viel Entgegenkommen, Verständnis und Liebe. So als wäret ihr Mutter Erde höchstpersönlich und so, als würdet ihr uns jede friedvolle neue Facette unseres Daseins, die wir uns neu erschließen, von ganzem Herzen gönnen und sie willkommen heißen. Ihr seid für mich mehr als Pferde, ihr seid für mich Botschafter der Erde und Vermittler der Schöpfung höchstpersönlich.“

Llanos Augen werden ganz leuchtend und groß, und sein Puls scheint etwas schneller zu schlagen. Er ist sichtlich aufgeregt:

„Kannst Du das allen Menschen sagen? Nicht nur denen, die mit Pferden zu tun haben, allen?

Jedes Pferd, das sich nicht nur um sein Überleben kümmern muss, sondern jedes Pferd, das sich würdevoll und ohne Druck in seinem Charakter entfalten kann, kann für euch den Himmel auf die Erde holen. Wir bieten euch die Erdung der Erde an. Magnetismus. Magie. Den Gegenpol zum statischen, elektrisch aufgeladenen Denken. Durch uns fließt ein lichtvoller Strom der reinsten Quelle, die ihr euch vorstellen könnt. Als gesundes Pferd sind wir Natur pur. Und wir sollten so behandelt werden. Mit Würde, Achtung und Respekt. Dann können wir euch Menschen auf die nächste Stufe tragen. Jeden einzelnen, aber auch eine ganze Gruppe von Menschen. Wenn ihr der Natur wieder vertraut, wenn ihr der Natur wieder zutraut, dass sie vollkommen, rein und schön ist, dann gewinnt ihr auch Zutrauen zu eurer eigenen Schöpfung und zu eurer Natur zurück.

Wir Lebewesen entstammen alle derselben Quelle. Wir wollen alle dasselbe. Wir haben nur unterschiedliche Formen und Wege, so wie jeder von euch Menschen auch einen eigenen Weg hat, um seine Erkenntnisse zu erlangen. Wir alle sind Natur. Auch ihr. Ihr unterliegt oft einem Irrtum und glaubt, ihr seid die Menschen und dann gibt es da noch die Natur und in ihr die Tiere und die Pflanzen. Aber Menschen sind doch auch nur Tiere, mit einer etwas anderen kognitiven Begabung. Viele Tiere können denken und kombinieren wie ihr. Das vergesst ihr manchmal. Wir erfüllen unseren Zweck hier auf der Erde. Unser Daseinszweck ist es, Natur zu sein. Nicht in der Natur zu sein, nein, wir sind selbst Natur. Jedes einzelne Wesen für sich und die ganze Gruppe der Pferde weltweit machen das Wesen des

Pferdes zu einem einzigen Wesen, und jedes einzelne ist ein Teil davon. Wir sind ein Netzwerk der Natur. Ihr habt Euch gedanklich davon entfernt. Ihr glaubt oft, ihr besitzt die Natur, das geht aber nicht. Ihr seid nicht die Besitzer der Natur, ihr seid die Natur selbst. Bei euch ist es nur von größter Wichtigkeit, wie ihr damit umgeht, denn ihr seid es, die die gesamte Natur ins Unglück stürzen könntet. Das macht ihr ja zum Teil auch schon. Ihr verwüstet die Natur und ihr entzweit sie. Wir haben viele Orte und Kurse gemeinsam besucht. Immer war ich als Pferd dort separat von den fremden Pferden getrennt. Das habe ich bis heute nicht verstanden. Ihr handelt mit uns auf eine Art und Weise, wie ihr mit euch selbst umgeht. Jeder ist aus Sicherheitsgründen vom anderen getrennt. Wenn ihr doch nur verstehen könntet, dass ihr nur verschiedene Teile des Wesens des Menschen seid?! Ihr seid alle miteinander verbunden und was dem einen widerfährt, spürt auch der nächste. Das solltest vor allem Du mit Deinen Erfahrungen verstanden haben. Ein trauriger Mensch erzählt Dir etwas, und Du wirst traurig. Jemand steht unter Schock und Du teilst seinen Schock und nimmst nächstenliebend einen Teil davon auf Dich. Jemand schaut Dich zart und voller Liebe an und dein herz öffnet sich und Dir wird warm. Es ist nicht eine Technik, durch die Du das besonders spürst, nein, das sind euer natürliches Menschsein, eure Natur, eure Verbundenheit miteinander. Du kannst nichts dagegen tun, außer Verantwortung zu übernehmen. Du kannst helfen, dass es Menschen in Deiner Umgebung gut geht, indem Du Dich still nach innen auf Dein Gutgehen einlässt und es pflegst. Du musst nichts, absolut gar nichts tun, damit es anderen Menschen gut geht. Das einzige, was von Bedeutung ist, ist, dass Du Dein Sein nicht verbirgst. Du hast mir vorhin erzählt, dass Dir bewusst geworden ist, dass Du keine wahrhaftigen Probleme hast. Warum strahlst Du das nicht offen aus? Ohne darüber zu reden. Sei doch einfach im Resultat freudig und bewusst, anstatt Dich dafür zu schämen. Wenn Du Dich schämst, vermittelst Du das Gefühl, dass es vielleicht nicht in Ordnung ist, zufrieden zu sein und gut für sich zu sorgen. Es scheint aus Dir heraus, dass Du nicht sicher bist, ob es Deinem Gegenüber behagt, dass es Dir gut geht. Du suchst nach der Erlaubnis und einem Segen für Dein Gutgehen. Aber das kann Dir niemand geben, außer Du Dir selbst. Ihr Menschen habt so viel zwischen euch zerstört, dass ihr stets in Angst, Missgunst und Neid verfallt, wenn es einem Einzelnen gut geht. Die Angst, diese dunklen Gefühle auf sich zu ziehen, ist verständlich. Sich dann zurückzuziehen auch. Doch wenn ein jeder Verantwortung für sich, seine Gefühle und das, was er aus ihnen kreiert, übernimmt, wird es lichter. Und damit leichter. Wenn es den Stuten in meiner Herde gut geht, was meinst Du, wie geht es mir dann?"

Ich: „Oh, ich bin mir sicher, das gefällt Dir. Gerade Molly strahlt so eine herrliche Selbstzufriedenheit aus, dass sie stets vor Freude explodiert und mit Saadeja im wilden Galopp um die Wette über die Weide rast! Es muss Spaß machen, das zu sehen. Ich denke, Du fühlst Dich dadurch gut und unbeschwert. Es gibt nichts, was von den beiden Damen ausgeht, was Dich belasten müsste. Du musst keine Sorgen haben."

16.06.2019 – Der Weg zum Glücklichsein

Llano: „Genau. So ist es. Nur wenn ich Dich sehe, mache ich mir Gedanken, ob Du Dir schon erlaubst, vollkommen und glücklich zu sein. Was meinst Du, ist der Unterschied zwischen Dir und Molly?"

Ich: „Molly hat noch nicht so viel Schlimmes erlebt auf der Welt. Sie ist erst viereinhalb Jahre alt. Als Zweijährige habe ich sie aufgenommen, damit es so bleibt."

Llano: „Und, wenn Du ganz kritisch und ehrlich mit Dir bist: Hast Du denn schon so viel Schlimmes erlebt?"

Ich: „Ich... - Ja, das weißt Du doch alles. Du bist der einzige, der wirklich alles weiß. Wieso fragst Du das?"

Llano: „Weil ich denke, dass Du nur einen persönlichen Fortschritt machen wirst, ab dem Moment, in dem Du erkennst, dass das vielleicht ein Irrtum ist."

Ich: „Llano! Wie kannst Du das sagen?! Du hast mir so oft beigestanden, wenn es mir nicht gut ging..."

Llano: „Ja. Auf gewisse Weise stimme ich Dir zu. Aber wenn Du in Deiner Entwicklung weiterkommen willst, musst Du das überdenken und Dich neu erfinden. Du hast jetzt lang genug unter den Ereignissen, die Dir geschehen sind, gelitten."

Ich: „Kannst Du mir bitte auf die Sprünge helfen? Ich verstehe gerade gar nichts. Ich weiß doch, was in meinem Leben alles geschehen ist!"

Llano: „Das alles kann auch niemand ungeschehen machen. Nur Du. Du kannst es in gewisser Weise ungeschehen machen.
– Möchtest Du es ungeschehen machen?"

Ich: „Ja, das würde ich gerne. Und auch wieder nicht, denn ich habe viel aus meinen Schicksalsschlägen gelernt."

Llano: „Alles, was Du gelernt hast, darfst Du behalten. Das sollst Du sogar behalten, denn sonst wäre es nutzlos und ohne tieferen Sinn gewesen, dass Du das alles durchstehen musstest. Aber die emotionale Ladung, mit der Du die Ereignisse in der Vergangenheit bewertet und damit in Dir selbst verinnerlicht und konserviert hast, von der wird es Zeit, sich zu trennen."

Ich halte inne. Erwischt. Er hat mich schon wieder erwischt:

„Das ist einfacher gesagt, als getan."

Llano: „Schon wieder ein Irrtum."

Ich mache eine Pause und muss erst einmal in mich gehen, damit sich der Widerstand, der sich jetzt allzu gerne aufbäumen würde, ungehindert wieder legen kann.

Ich: „Und wie soll das gehen? Meine Gefühle aus den Situationen sind sofort wieder präsent, wenn ich an die

Ereignisse denke. Sie breiten sich in meinem Körper aus und dann kann ich nicht mehr klar und sachlich von oben drauf schauen, sondern rutsche mitten hinein, als wäre es jetzt, dass es passiert. Ich falle dann wie ein Kind in einen tiefen, dunklen Brunnen. Mir wird dann schwindelig, fast ohnmächtig"

Llano: „Es IST aber NICHT JETZT! Es geschah früher, in einer anderen Zeit. Da bist Du aber jetzt nicht. Jetzt bist Du hier. Verstehe das. Du warst immer im Hier und Jetzt."

Ich: „Aber wenn ich mich auf die Geschehnisse der Vergangenheit einlasse, dann ist es so, als würde ich wie in einem Zeitstrom vom Sog dort hingezogen werden und scheine alles noch einmal zu erleben. Und dann ist es so, als müsste ich mit der Aufarbeitung ganz von vorne anfangen. Danach tun mir die Nieren weh und dann der ganze Körper. Es ist so erschöpfend!"

Llano: „Das ist eine Täuschung. Du identifizierst Dich mit dem Schicksalsschlag. Mit jedem einzelnen. Du glaubst, es hat „Tanja" aus Dir gemacht, Freunde durch Unfälle zu verlieren, von anderen an kaum aushaltbare Grenzen getrieben worden zu sein, Grenzüberschreitung anderer erlebt zu haben, Menschen und Tiere, die Dir lieb waren, beim Sterben zu betreuen und gedemütigt zu werden. Aber das nährt nur Dein Ego, wenn Du auf diese Weise daran glaubst. Du musst den Unterschied begreifen. Du warst schon das Wesen Tanja, als Du geboren wurdest. Du kamst aus der Quelle, aus der wir alle kamen. Und Du kamst vollkommen. Und dann hast Du Dich aufgemacht ins Leben. Um das Leben zu erleben, in all seinen Facetten. Dabei waren Licht- und Schattenseiten. Wie oft denkst Du an den Tod eines bestimmten Menschen?"

Ich: „Jeden Tag ein Mal. Mindestens. Das habe ich mir geschworen."

Llano: „Kannst Du mir sagen, warum?"

Ich: „Weil es noch immer weh tut. Ich glaube, wenn ich an ihn denke, dann halte ich ihn in Ehren. Ich habe es ihm irgendwie versprochen, ihn nicht zu vergessen."

Llano: „Und wie oft denkst Du an unseren ersten Galopp?"

Ich: „Llano... Das ist doch nicht vergleichbar... Nicht so oft. Wenn ich ehrlich bin, gar nicht. Ich weiß leider gar nicht mehr, wann der eigentlich war, wenn ich ganz ehrlich sein darf."

Llano: „Du sollst immer ehrlich sein. Vor allem Dir selbst gegenüber. Wenn Du es nicht bist, spüre ich es sowieso, das weißt Du. Du könntest versuchen, mich zu belügen, aber im Grunde würdest Du nur Dich selbst belügen. Versuche Dich zu erinnern. Es war im Herbst. Das Laub fiel von den Bäumen und ich war nach langem Kampf mit mir selbst endlich sehr zufrieden und zentriert. Ich war ziemlich entspannt. Du wolltest mit mir Joggen gehen, um meine Kondition zu trainieren, bevor Du mich reiten wirst."

Ich: „Aaaahhhh! Da ist es wieder! Stimmt! Ich habe mit Dir und meiner Stute Peggy mit meinem Freund in einer kleinen

Bauernkate gewohnt, und ihr hattet direkt hinter dem Haus einen schönen Paddock unter den Birken. Das war ein wunderbarer Ort. Abends wurde es früh dunkel, so dass es nach der Arbeit immer zu spät war, um mit Dir raus zu gehen. Du warst zu der Zeit noch oft sehr ungestüm und nicht immer ganz berechenbar. Und Du warst noch oft schräg drauf, standest ziemlich unter Strom und hattest viele Blockaden im Hals und im Rücken. Verursacht durch Deine Vorgeschichte. Mittwochs hatte ich früher Schluss auf der Arbeit. So vertagten wir unsere Trainings auf mittwochs und Sonntag vormittags. Der Rhythmus tat Dir gut und Du warst dadurch darauf eingestellt, wann ich etwas mehr von Dir forderte, als nur den gemeinsamen Alltag mit Füttern, Abäppeln, Putzen und so weiter. Ich hatte meine Laufschuhe an und habe Dir zur Übung ein anderes Halfter angezogen und ein Reitpad auf den Rücken geschnallt, damit Du Dich daran gewöhnen kannst. Und dann sind wir los. Wir joggten noch bei Tageslicht los und hatten ungefähr drei Kilometer hinter uns, als ich diejenige war, die nicht mehr konnte. Du hättest wahrscheinlich noch länger laufen können. Es schien Dir zu gefallen, mit mir im Gelände unterwegs zu sein. Ich selbst war untrainiert und aus unserem Joggen wurde ein strammes miteinander Gehen. Wir gingen schnurstracks in die eine Richtung. Es war klar, dass wir irgendwann umkehren und Richtung nach Hause gehen mussten. Du gingst mit Deinen raumgreifenden Schritten nach dem Umkehren so schnell, dass ich nicht mithalten konnte. Du gingst, ich musste joggen. Und wenn ich Dich gebremst habe, schlug Dein Temperament in Dir Alarm. Du hast es gehasst, Dich einzufügen, geschweige denn, Dich unterzuordnen. Und ich wollte Deine Laune nicht unnötig strapazieren. Dann kam ich auf den Gedanken, dass Du mich sozusagen als kompromisshafte Lösung einfach tragen könntest. Ich stieg achtsam von einem Zaun am Wegesrand auf, das hatten wir schon mehrfach geübt, und Du gingst zielstrebig los. Allerdings war Dein Schritt so schwungvoll, dass sachtes Traben für mich einfacher zu sitzen war. Ansonsten hätte ich mir sicher schon auf der kurzen Strecke einen Wolf geritten. Wir trabten und Du schienst Spaß daran zu haben. Nur konntest Du nicht so gut langsam traben. Und dann, ohne das Tempo zu erhöhen, fielen wir in den Galopp. Du bist zur Hälfte ein Traber, deshalb war der Trab auf Dir, selbst langsam noch einer, der so manchen Galopper hätte abhängen können. Der Galopp war weicher und schmiegsamer. Also ritten wir den. Ich wollte ja auch nicht, dass Du mit mir im Rücken eine negative Erfahrung machst. Wir galoppierten also schnurstracks nach Hause und ich war voller Konzentration, Zentrierung, aber ich war auch ziemlich angespannt. Zu Hause angekommen wurde mir erst richtig klar, was gerade geschehen war. Wir hatten unseren ersten Galopp! Und das mit kindlich naiver Absicht. Wir haben uns während unseres Tuns einfach auf den Impuls eingelassen, der für uns beide am sinnvollsten und angenehmsten war. Und deshalb sind wir galoppiert. Das war zwar überhaupt nicht der Plan, aber ich habe mich noch tagelang darüber gefreut."

Llano: „Und warum erfreust Du Dich nicht genau so oft an solch einer schönen Begebenheit, wie Du entschieden hast, einer unschönen Begebenheit wegen zu trauern oder zu leiden? Du hast so viele schöne, gute, angenehme, wundervolle Momente erlebt. Warum hast Du entschieden, dass sie weniger Wert, weniger Präsenz haben, als die, die Dir weh getan haben

und holst statt der guten, immer wieder die leidvollen hervor
und pflegst sie selbstmitleidig? Du bist doch so klug. Warum
denn nicht auch an dieser Stelle?"

Ich: „Ich schätze, ich habe Angst davor, dass die Situationen
sich wiederholen, wenn ich sie vernachlässige oder gar
vergesse. Ich habe Angst vor wiederkehrendem Leid. Und ich
möchte den Menschen gegenüber, die ich verloren habe, loyal
und treu sein. Ich meinte bis eben, dass das zu meinem Wesen
gehört. Zuverlässigkeit, Loyalität und freundschaftliche Treue.
Das tut man doch so, oder?"

Llano: „Und deshalb leidest Du permanent? Immer wieder? Ist
das Deine freie Wahl?"

Ich: „Nein, wenn ich ehrlich bin, ist das nicht meine freie und
schon gar nicht meine bewusste Wahl. Das hat sich irgendwie so
eingeschlichen. Ich hab es gar nicht wirklich bemerkt. Ich habe
ein Bild von mir und meinen Haupteigenschaften, die mich
ausmachen. Denen gegenüber möchte ich treu sein. Treue mir
selbst gegenüber. Es ist wie ein festes Muster, das sich über die
Jahre tief eingebrannt hat... - vielleicht auch gar nicht meins?!"

16.06.2018 – Segen von Llano

Llano: „Was für eine Illusion. Du unterliegst einer Täuschung
und begrenzt Dich damit. Du glaubst, nur ein Teil der
Eigenschaften, die ihr Menschen euer Eigen nennen könnt,
betreffen Dich. Du hast Dir ein paar glorreiche Eigenschaften

ausgesucht und Dir diese bevorzugt in Dein Tanja-Bild eingeflochten. So als würde der Regenbogen jetzt nur noch Blautöne haben dürfen. Viele Blautöne, aber ausschließlich Blautöne. Aber Du hast und vor allem, Du darfst ALLES. Du darfst alles erleben, was der menschliche, sinnliche Erfahrungsschatz zu bieten hat. Du darfst genießen, frei sein von Leid und Schuld, Du darfst Dich neu erfinden, jeden Tag. Und als Mensch hast Du sogar noch eine größere Freiheit, als wir sie als Pferde haben. Wir können unseren Kontext, in dem wir leben, nur schwer verlassen. Ihr dagegen könntet es jederzeit und unaufhörlich tun, aber ihr tut es nicht, weil ihr euch so an die Vergangenheit bindet und euch mit euren Erfahrungen identifiziert und sie festhaltet, dass jede Abweichung davon ein Akt ist. Meine Liebe, das macht nicht nur krank, das schmälert auch Deine Möglichkeiten und Fähigkeiten als Mensch und schnürt Dich in eine Zwangsjacke aus Gefühlen, die Dir längst zu eng geworden ist. Glaubst Du wirklich, dass das, was damals geschehen ist, wieder und wieder geschehen könnte in Deinem Leben?"

Ich: „Manchmal sehe ich es so. Dann treffe ich Leute, denen etwas Schlimmes widerfahren ist. Das hatte sich angekündigt, meist schon Jahre zuvor. Sie wurden in ihrem Leben irgendwie ausgebremst, etwas stimmte nicht. Sichtbar wurde es zum Beispiel durch eine Beziehung, die nicht mehr reibungslos verlief, dann kamen die Zweifel, mit ihnen die Ängste und damit die Schmerzen der Unbeugsamkeit. Sie änderten aber an der Ursache nichts. Dann wurde es deutlicher, sie wurden krank. Und änderten zum Teil trotzdem nichts. Und dann geschah ein Unfall und das Leben stellte sie für mehrere Wochen ruhig. Sie überlegten erst dann, in welcher Situation sie sich schon seit langem unglücklich befanden und fällten eine Entscheidung. Daraufhin hatten sie die Kraft, alles in ihrem Leben zu ändern. Danach war alles gut. Ich habe einfach Angst, die Weisungen meines Lebens außer Acht zu lassen oder sie zu spät zu bemerken. Ich denke, sie sind wichtig und deshalb sollte ich sie stets achten und respektieren. Und im Bewusstsein behalten."

Llano: „Das klingt gut. Und richtig. Nur hast Du noch nicht erkannt, dass es in diesem Fall anders herum verläuft. Du hältst aus Angst, etwas nicht richtig zu verstehen oder zu verbuchen, an allem fest, was Dir je widerfahren ist. Das Leben schenkt Dir etwas Schönes, und Du siehst es nicht, weil Du immer furchtsam mit dem Blick in die Vergangenheit schaust, damit Dir nichts entgeht. Du stehst falsch herum auf der Zeitachse. Schau endlich nach vorne! Dreh Dich um! Die Erkenntnisse aus allem, was geschehen ist, sind längst nicht nur als Wissen, sondern als Weisheit in Dein Sein integriert. Du hast es nur noch nicht angenommen, dass Du mit der Vergangenheit fertig bist. Du darfst sie loslassen. Dein Wesen hat die Weisheit angenommen, aber Dein Ego hat noch Angst, dass das eine Täuschung ist, die Dich in die Irre führen soll, damit das Leben Dich neu verletzen kann. Ist es das, was Du glaubst?"

Ich: „Ja. Das trifft es ziemlich genau im Kern. Ich hätte gern die Zügel des Schicksals in der Hand, wenn es wieder zuschlägt. Vielleicht tut es dann nicht so weh, wenn ich vorbereitet bin."

Llano: „Dann würde es genauso wehtun. Vielleicht sogar noch mehr. Erstens, weil Du Dich zwischen den Ereignissen, die ich nicht Schicksal, sondern Leben nenne, nicht vom Schmerz gelöst und Dich so in der Zwischenzeit nicht erholt hast, und zweitens, weil Du dachtest, wenn Du es im Blick behältst, geschieht nichts. Wenn dann doch etwas geschehen sollte, würde das heißen, Du hast Deine Lebenszeit damit vergeudet, etwas zu kontrollieren, was nicht kontrollierbar ist. Du würdest vielleicht sogar wütend werden, versagt zu haben. Was Dir alles entgangen sein kann in der Zeit?! Natur ist gut. Das Leben ist gut. Letztendlich hast Du damals ein paar Erfahrungen gesammelt, die Du jetzt in Deinem Rucksack als gelebte Weisheit mit Dir trägst. Und wenn wir ehrlich sind: Letztendlich ist Dir nichts passiert. Manches hat zwar wehgetan und Dich auch körperlich sehr verletzt, aber es ist alles Vergangenheit. Das einzige, was Du heute noch trägst, ist die Erinnerung an Deinen Schmerz. Denn der, den Du spürst, der ist schon lange nicht mehr echt. Du verbindest Dich viel zu oft mit allem, was Dich einst verletzt hat und damit verbindest Du Dich mit dem alten, vergangenen Schmerz. Du identifizierst Dich sogar damit. Du darfst endlich aufhören, Dich mit der aufopferungsvollen, schmerzenden Tanja zu identifizieren und ja, es ist Dir gestattet, schmerzfrei zu sein. Auf allen Ebenen. Du hast allen verziehen, die Dich in Deinem Leben verletzt haben. Jedenfalls nach heutigem bestem Wissen und Gewissen. Und Du könntest die Personen aus Deinen ewigen Erinnerungen loslassen. Einen Teil von ihnen hast Du sogar schon vergessen. Und nun liegt es an Dir. Wann willst Du Deine unverheilten Verletzungen gehen lassen? Wann willst Du den Schmerz ziehen lassen? Wann willst Du Deinen Körper von den zwanghaften Erinnerungen und der Fehlinterpretation, Dir sei etwas schlimmes geschehen, freisprechen? Du weißt, wovon ich rede. Du selbst hast es mir

einst gesagt. Da war ich der, der unter immensen Rücken-
schmerzen litt. Damals hast Du mich zu Dir nach Hause geholt.
Ich war unerträglich vor Schmerz und attackierte vor Ausweg-
losigkeit alles, was herumlief. Du hast mich gelehrt, dass das
hinter mir liegt und dass ein neues Leben auf mich wartet. Ich
müsste dazu alles Alte nur hinter mir lassen und meinen
Erfahrungen ein Gegengewicht gegenüber stellen, mit schönen
Erfahrungen. Du hast für Freude in meinem Leben gesorgt.
Sonst hättest Du wohl nicht einen einzigen Ritt auf mir wagen
können, oder?!"

Ich: „Ja, das stimmt. Wenn Du in der Vergangenheit verhaftet
geblieben wärst, hätte kein freudvoller Neuanfang starten
können. Du hast das sehr gut gemacht und hervorragend
gemeistert. Aber wir haben ein paar Jahre gebraucht, bis Du auf
allen Ebenen stabil warst. Am schwierigsten war es für Dich,
emotional stabil zu werden. Und dann hat der Körper lange Zeit
gebraucht, um zu verstehen, das da gar nichts mehr ist, was
Dich negativ beeinflusst und kränkt. Irgendwann warst Du
durch die Aufgabe in der neuen großen Herde so abgelenkt, dass
Du es, so schien es jedenfalls, vergessen hattest, die alten
Erfahrungen der Vergangenheit in jeder neuen Situation neu zu
erwarten. Du hast Dich ganz und gar Deiner neuen Aufgabe
gestellt. Du warst so authentisch und lebendig, wie nie zuvor."

Llano: „Und? Siehst Du, wie viel Gutes, Schönes, Fröhliches,
Beeindruckendes und vieles mehr, siehst Du, wie viel Herz und
wie viel Liebe, wie viel Verbundenheit und wie viel Glück
mittlerweile in Deiner Waagschale liegen, die den schlimmen

Erfahrungen aus der Vergangenheit als Gegengewicht gegenüber stehen?"

Ich: „Ja. Ich brauche einen Moment, um das sacken zu lassen.
Ich werde mir dessen gerade jetzt bewusst. Das Leben schenkt
mir, statt wie ich es befürchtete, nicht eine mahnende Warnung
nach der anderen, sondern stattdessen einen glücklichen
Moment nach dem anderen. Das sind Geschenke. Ich habe
wirklich keine wahrhaftigen Probleme, außer denen, die ich aus
der Vergangenheit hinter mir herziehe, ohne sie loszulassen. Es
ist alles vorbei. Geschichte. Aus meinen Körperzellen möchte
ich nun alle Schmerzen, die ich noch habe, alle Verspannungen
und Verkürzungen ziehen lassen. Ich gehe jetzt nach Hause und
lege mich in die warme Badewanne. Ich brauche jetzt Ruhe für
mich. Ich werde mal in Ruhe schauen, was mir in den letzten
Jahren alles Gutes geschehen ist. Und ich werde untersuchen,
was ich alles befürchtet habe, was aber niemals eingetreten ist.

Ich möchte mich von diesen Befürchtungen trennen, dass altes Drama neu geschehen könnte. Ich hatte diese schlimmen Lebenssituationen schon. Die kommen nicht noch einmal. Ich gehe jetzt nach Hause und übe, mir das bewusst zu machen. Ich danke Dir, Llano."

24.07.2019 – Die Herausforderung, vollständig zu leben

Ich komme gerade aus einem langen Sommerurlaub und schaue für mich selbstverständlich als Erstes zu den Pferden. Ich bin müde. Und ich bin glücklich, wieder hier zu sein. Die bemerkenswerte Stute Saadeja ist vor einiger Zeit glücklich vermittelt worden, so wie es vorgesehen war. Llano und Molly haben die schöne Erlebnis-Weide aktuell nur für sich und genießen in Ruhe ihr sommerliches Dasein.

Molly scheint etwas unterfordert zu sein. Immer, wenn ich zur Weide komme, möchte sie aktiv mit mir etwas tun. Sie liebt das Reiten, die Ausflüge in die Natur, sie liebt es, etwas Neues zu lernen, und es macht ihr Freude, zu zeigen, was sie schon alles kann. Llano dagegen schaut in sich ruhend mit weitem Blick gelassen über die Oste. Er liebt die Weite. Drüben, auf der anderen Seite des Flusses sind große Wiesen zum angrenzenden Naturschutzgebiet. Dort gibt es immer etwas zu sehen. Häufig haben Llano und Molly auf ihrer Wiese Gäste. Es scheint eine gute Verbindung unter den Arten zu geben. Des Nachts sitzt der Kauz über ihnen, im Morgengrauen kommt der kleine Rehbock, sogar Schweine, Rebhühner, Fasane und wahrscheinlich die immer gleichen Mäuse haben ihren Platz im Tagesablauf. Wer offen ist für Begegnung, hat hier allerhand zu tun. Llano wirkt im Gegensatz zu Molly jedenfalls nicht unterbeschäftigt. Wie ein alter Professor steht er dort in meditativer Ruhe und scheint über das Leben zu sinnieren. Mein Ankommen freut ihn und er kommt mir entgegen. Ich setze mich an das Ufer der Oste. Ich liebe es, wenn er so schräg hinter mir steht und wir zusammen sind und gemeinsam dösen. Mal wache ich, dann kommt er ganz und gar zur Ruhe, mal ist es anders herum. Ich liebe es, unter seiner Obhut im Sand zu dösen. Es fühlt sich so sicher und geborgen an, wie kaum ein anderer Ort auf dieser Welt. Unter Menschen habe ich mich selten so gut behütet und so sicher gefühlt.

Llano: „Und? Bist Du soweit?"

Mir verschlägt es die Sprache. Ich fühle mich überrumpelt und bin verunsichert, was er genau meint. Ich bin doch gerade erst zu Hause angekommen. Muss es schon wieder weitergehen, mit Lebens-Unterricht? Kann ich nicht erst einmal ganz wieder hier ankommen? Doch natürlich kann ich seinen bohrenden Fragen nicht wirklich ausweichen. Er spricht mich so direkt an, dass ich mich ihm, auch wenn ich gerade gar keine Lust auf inhaltliche Tiefe habe, öffnen und mich ihm stellen muss. Schon allein aus achtungsvoller Höflichkeit.

Ich: „Du siehst doch gerade so stabil, vital und gut aus, Du wirst doch jetzt nicht gehen wollen oder müssen, oder?"

Llano: „Nein. Ich nicht. Aber Du. Du solltest gehen. Und zwar einen nächsten Schritt. Den Schritt in die Freiheit. Ich habe es gespürt, als Du weg warst. Du warst das erste Mal ganz weg, ohne ständig an uns zu denken. Als hättest Du endlich all Deine

Anteile mitgenommen. Ich gratuliere dazu. Das hat uns gutgetan. Und wann machst Du weiter?"

Ich spüre meine Überforderung. Daran, dass ich diejenige bin, die geht, habe ich noch gar nicht zu denken gewagt.

Ich: „Llano, Du machst mir Angst. Weißt Du mehr, was für mich jetzt dran oder bestimmt ist? Ich muss doch die Erde noch nicht verlassen, oder? Ich habe noch so viele Ideen..."

Llano scheint milde zu lächeln. Er lässt etwas Zeit, so dass ich mir selber meine Gedanken auf meine im Raum stehende Frage machen kann. Dann antwortet er gelassen und sanft.

Llano: „Das weißt Du selber. Spüre in Dich hinein. Dort befindet sich die Antwort. Ganz tief in Deinem Herzen. DU musst Dir Deine Antworten geben, nicht ich."

Ich: „Ich spüre, dass ich leben werde. Ich weiß irgendwie, dass das Leben noch etwas mit mir vorhat. Und ich habe noch etwas in diesem Leben vor. Aber ich weiß gar nicht genau, was."

Ich sinniere einen Augenblick weiter. Was für ein weises Pferd ich doch habe. In mir steigt ein starkes Ehrgefühl auf. Und ich fühle mich klein neben ihm und seiner Weisheit. Er scheint so einen Überblick über sich, mich und das Leben zu haben, dass ich ehrfürchtig innehalte.
Ich habe noch nie darüber nachgedacht, dass *weder* er, *noch* ich, aus dem Leben gehen werden, sondern nur weiter. Und ich habe längst die Entbehrungen gespürt, die ich mir durch die Art und Weise, wie ich lebe, selbst auferlegt habe. Das ist für mich ein großes Paradoxon. Ich war

immer der Meinung, ich bin schon frei und unabhängig. Ich lebe seit wenigen Jahren in meinem kleinen Häuschen am Waldrand, gemeinsam mit meinem Partner, den beiden großartigen Hunden und den beiden außergewöhnlichen Pferden. Ich gehe meinem geliebten Beruf nach und abends kehre ich gerne heim. Unser Garten deckt uns täglich den Tisch und es mangelt uns an nichts. Ich hatte lange gedacht, das IST Freiheit. Doch in letzter Zeit spüre ich mehr und mehr, wie es mich in die Welt hinaus zieht. Doch immer dann gerate ich in einen seelischen Konflikt. Denn schließlich ist es dieses tolle Zuhause, das ich extra kreiert habe, um endlich bei mir ankommen zu können und innere Ruhe zu finden. Ich lebe mitten in meiner Idealvorstellung vom Leben. Alles ist gut so, wie es ist. So dachte ich.

Doch jetzt, wo ich von Llano angehalten werde, darüber bewusst nachzudenken, wird mir mehr und mehr klar, dass meine Seele erneut hungrig ist. Ich möchte noch mehr vom Leben erfahren. Aber vielleicht muss ich auch in die Welt hinaus, damit das Leben mehr von mir erfährt? Meine Gedanken drehen sich im Kreis. So besonders und wichtig bin ich nun auch wieder nicht. Ich überlege, ob ich mich gerade in einer Ego-Schleife verstricke oder ob meine Gedanken wahrhaftig sind. Und wenn sie wahrhaftig und von Bedeutung sein sollten – in welcher Reihenfolge sind sie richtig? Das kann ich aus meiner aktuellen Position gar nicht sehen. Ich habe doch keinen Überblick. Weder über mich und mein Leben, noch über das Große Ganze. Schließlich stecke ich mittendrin...

> Llano: „Mach Dir nicht so viele Gedanken. Du bist auf dem richtigen Weg. Es ist nur wichtig, dass Du Dich jetzt nicht zurückziehst. Wir, damit meine ich die Pferde, die Dir begegnet sind, haben Dir nicht so viel beigebracht, damit Du das Wissen und all die Erfahrungen im stillen Kämmerlein vor Dich hin

hütest. Wir sind stetig unserem Auftrag gefolgt. Von Anfang an. Wir haben Dich geschult, unterrichtet, Dich auf die Probe gestellt, Dich herausgefordert und Dich kurzzeitig immer wieder überfordert. Du musstest Deine Grenzen sprengen und Dich neuen Herausforderungen stellen. Wir haben alles versucht, um Dein Wissen und Dein Fühlen zu erweitern. Das hat Dir manchmal wehgetan, aber es hat Dir niemals wirklich geschadet. Du hast die Grenzen Deines Horizontes verschoben und die Kapazitäten Deiner Belastbarkeit enorm erhöht.

Das alles war wichtig. Wir haben Dir den Gegenpol dessen geboten, was Du in Dir trägst. Du hast einen so großen Schatz in Dir, der zur Entfaltung Reibung und Herausforderung benötigt hat. Du brauchtest ein Gegenüber, viele Gegenüber, um all die Seiten, die Du in uns siehst und immer sahst, auch in Dir zu erkennen und sie anzuerkennen. Du brauchtest viele Impulse und Resonanzen, um Dich zu spüren und Deine eigene Vollkommenheit und Vielschichtigkeit zu erkennen. Kannst Du das sehen?"

Ich: „Ja. Sehen kann ich das in diesem Moment, in dem Du mir das bewusst machst. Doch begreifen und verstehen kann ich das nicht. Jedenfalls noch nicht, wo mich das hinführen soll

Ich bin nur ein Menschlein, das sich nach Ruhe und Frieden sehnt. Was soll ich schon ausrichten mit meinem SEIN? Die Welt ist überfrachtet von Ablenkungen und Nebensächlichkeiten. Die Menschen verstricken sich gerne darin, um sich eben nicht selbst näherzukommen. Viele wollen das gar nicht.

Ich bin sehr dankbar dafür, Euch Pferde als Lehrer gehabt zu haben und nach wie vor zu haben. Ich habe noch so viel zu lernen. Ich habe eben doch gelitten, denn manches hat sehr wehgetan. Und ich mache einen Unterschied zwischen Grenzen erst zu erkennen, weil ich sie wieder einmal übergangen habe, oder Grenzen aktiv selbst zu setzen, weil ich selbstliebend rechtzeitig auf mich zu achten bereit bin."

24.07.2019 - Schmerzen hinter sich lassen

Llano: „Was genau hat Dir wehgetan?"

Ich: „Vieles. Ich habe in meinem Leben ganz schön eingesteckt. Ich habe noch immer eine unverheilte Verletzung von einem Pferd, das mir vor Jahren in den Rücken getreten hat. Das hat die Stute zu der Zeit zwar voller Übermut und Freude getan, weil sie mich zum Spielen auffordern wollte, doch weh tat es genau so, als wäre es ein Angriff gewesen. Ich bin eben kein Pferd, sondern ein Mensch. Solcher Art Spielaufforderungen vertragen Menschen körperlich nicht so gut. Und es heilt seit Jahren nicht wirklich ab. Noch immer fühle ich mich an der Stelle im Rücken verletzt und überwältigt, wie nach einer Gewalterfahrung, einem tätlichen Übergriff."

Llano: „Meinst Du, es heilt nicht, weil der Körper das nicht kann?"

Ich: „Ich weiß es nicht. Scheinbar kann oder will das Gewebe nicht heilen. Ich habe so viele Therapieansätze versucht. Nichts hat letztendlich nachhaltig geholfen. Wenn ich nicht einmal

einen Pferdetritt heilen kann – wem sollte ich schon helfen und
dienlich sein, mit meinem Können?"

Llano: „Dann schau noch einmal genau hin. Wieso heilt es
nicht? Betrifft das wirklich Deinen Körper? Oder hast Du das
Erlebnis auch wieder nicht bis zu Ende verstanden?"

Ich halte einen Moment lang inne und spüre meinen Widerstand in
diesem Thema. Natürlich habe ich es verstanden! Es handelt sich ganz
pragmatisch um einen körperlichen Unfall: Ich gehe mit einer meiner
liebsten Stuten am Ende eines Kurstages in der Abendsonne spazieren.
Mein Partner folgt mir mit einer weiteren Stute. Erschöpft von dem
hohen Anspruch des vergangenen Drei-Tage-Kurses gehen wir schweigend am Graben am Rande eines Maisfeldes entlang. Meine Stute muss
hinter mir gehen, denn der Weg ist ganz schmal. Ich spüre, wie
energiegeladen sie ist. Sie verkörpert ganz gewiss mehr, als nur *„einen
PS"*. Während des Kurses hat sie mit einer hingebungsvollen Gelassen-
heit mit einer sehr anstrengenden Frau gearbeitet, die allerdings über
nicht sehr viel Pferdeerfahrung verfügte. Die Stute musste sich
andauernd zurücknehmen und sich geduldig zusammenreißen. Als wir
dann dort am Feldrand entlang gingen, ging ihre Energie plötzlich mit
ihr durch. Hinter mir stieg sie und es schien, als ob sie vor lauter
Übermut auf mich aufsteigen wollte, wie auf ein anderes Pferd. Ich
fühlte, dass sie dicht hinter mir stieg, drehte mich um, um mir sogleich
mit meinem langen Bodenarbeitsseil Platz einzuräumen, aber da war es
schon zu spät. Sie hatte mich angestiegen und war mit ihrem Vorderhuf
voller Wucht auf meine Beckenkante geknallt. Ich ging zu Boden und
brauchte einen Moment, um zu verstehen, was geschehen war.
Iliosakralgelenk adé! Ich konnte kaum aufstehen und humpelte gekränkt
neben allen nach Hause. Die Stute machte einen sehr betroffen

Eindruck, als sie sah, dass sie mich verletzt hatte. In absoluter Folgsamkeit wich sie mir auf dem gesamten nach Hause-Weg nicht mehr von der Seite. Ich hatte mich sehr zusammengerissen, wollte ich mich doch neben meinem, zu der Zeit ganz neuen Partner, nicht schwächer zeigen, als ich bin. Ich wollte es tapfer aushalten. Doch es tat sehr weh. Und es war mir peinlich, dass gerade mir das geschehen war."

Llano: „Jetzt wird es interessant. Ist die Geschichte zu Ende? Dann ist es ja kein Wunder, dass Dein Körper das Ereignis noch nicht loslassen kann. Du hast gar nicht verstanden, worum es ging. Du brauchst die Geschichte noch für eine weitere Erkenntnis. Wenn Du die findest, wird es heilen."

Ich: „Doch. Ich habe nicht aufgepasst, war nicht achtsam, nicht wach und deshalb habe ich mich wieder mal zu spät abgegrenzt. Und deshalb habe ich jetzt den Salat. Wahrscheinlich werde ich dort mein Leben lang Schmerzen haben, um mich daran zu erinnern, dass ich wacher und achtsamer sein muss. Vor allem mit mir. Wahrscheinlich sollte ich so erschöpft gar nicht ans Pferd gehen. Die Unfallgefahr steigt bei Erschöpfung einfach proportional an. Davor muss man sich besser schützen. ICH BIN DOCH SELBST SCHULD! Ich war einfach zu unfähig!"

Llano: „Merkst Du, wie widerständig und bockig Du gerade bist? So bist Du doch sonst gar nicht. Warum denn in dieser Angelegenheit? Und das Selbstmitleid? Was bringt Dir das denn ein? Suchst Du noch nach einem Vorteil, der daraus resultiert? Brauchst Du ein Recht auf Leiden, um andere damit zu binden oder zu bestrafen? Suchst Du noch nach einer Gelegenheit für Rache?"

Ich: „Das ist viel. Darüber muss ich einen Moment überlegen. Stimmt. Ich bin bockig. Eigentlich bin ich sogar beleidigt. Ich hätte nicht gedacht, dass sie mir so etwas antut. Ich habe sie immer pfleglich und gut behandelt. Und dann so etwas. Im Nachhinein bin ich noch immer sprachlos."

Llano: „Sehr gut. Und wessen Sprache benutzt Du in dieser Reflexion? Immerhin hast Du mir die Situation gerade geschildert. Guck genau hin, Du bist ganz nah dran."

Ich: „Aaaahhhhh! Ich benutze die Einstellung und Sprache meines Partners, der dabei gewesen ist."

Llano: „Hat er die Situation gesehen?"

Ich: „Seiner Auskunft gemäß nicht ganz. Er hat nur gesehen, wie ich zu Boden gegangen bin, aber nicht genau, *wie* es passierte. Er hatte gerade in eine andere Richtung geschaut."

Llano: „Und dann?"

Ich: „Zu Hause habe ich gespürt, wie überfordert er mit mir und der Verletzung war. Alles wurde tief blau, fast schwarz, und es überforderte ihn, dass ich solche Schmerzen hatte. Ich, die sonst immer eine Idee hat, konnte mir nicht helfen – und er mir auch nicht. Er war der Ohnmacht nahe, als er der Verletzung in vollem Ausmaß sah."

Llano: „Und wie seid ihr vorgegangen? Wie ging es weiter?"

Ich: „Es war mir peinlich, dass mir das passiert war. Ich schämte mich für meine Schmerzen und mein tiefblaues Becken. Ich fühlte mich inkompetent. Ich fühlte mich nicht gut, ihn zu überfordern, es tat mir leid. Er fragte mich, ob so etwas öfter vorkommt. Und ob mir klar sein würde, wie gefährlich ich leben und arbeiten würde. Ich war so kraftlos. Ich konnte kaum antworten und nicht klar denken. Es tat mir in der Seele weh. Ich fühlte mich falsch gesehen, denn so etwas war zuvor noch nie geschehen. Doch eine richtige Erklärung hatte ich zu dem Zeitpunkt auch nicht. Ich brauchte jetzt Schutz, Pflege und Fürsorge, aber ich kramte meine Tapferkeit empor, ging nicht einmal zum Arzt, schämte mich tagelang weiter und erledigte langsam, unter Schmerzen, aber überaus gewissenhaft meine täglichen Pflichten. Mich ein paar Tage ins Bett zu legen, konnte ich mir nicht leisten, so dachte ich zu der Zeit jedenfalls. Die Tiere mussten versorgt werden, ich war selbständig und das Kreditmonster saß mir ständig im Nacken. Ich war noch nicht so lange selbständig. Ich war zwar krankenversichert, doch wer sollte die Arbeit machen, wenn ich ausfiel? Dann verdiente ich nichts. Zu der Zeit dachte ich noch, ich müsste alles allein auf meinen Schultern tragen. Und so tat ich es auch. Und ich wollte meinen Partner weder verschrecken noch überfordern. Ich hatte Angst."

Llano: „Und woher weißt Du, dass es nur der Körper ist, der an der Stelle weh tut?"

Dieses Pferd macht mich wahnsinnig. Ich will da jetzt nicht tiefer gehen. Ich möchte die Sache ruhen lassen. Wahrscheinlich heilt mit der Zeit auch die Wunde. Kaum gedacht, mischte sich Llano sofort wieder ein.

Llano: „Sie wird so nicht heilen."

Ich: „Wieso nicht? Viele Wunden heilen mit der Zeit, sagt man."

Llano: „Das sagt wer?"

Da hat er einen sehr empfindlichen Punkt getroffen. Er treibt mich einfach weiter durch das Thema, als stünde er in der Mitte und longiert mich lächelnd um sich herum. Wieder und wieder läßt er mich ackern. Er macht das zwar freundlich und herzlich, aber erbarmungslos.

Ich: „Menschen sagen das. Genauer: Ein Pastor hat das zu mir gesagt. Es war an dem Tag, als mein damaliger Lebenspartner gestorben ist."

Llano: „Und wie ging es Dir damit?"

Ich: „Fürchterlich. Und ich empfand es als unangemessen, zeitlich unpassend und von oben herab. Und ich wollte es nicht hören. Ich wurde sauer auf ihn, denn ich hatte gerade an dem Tag meinen ersten echten Lebenspartner verloren und hätte mir etwas mehr Taktgefühl gewünscht. Ich wollte verstanden werden. Meine ganze Lebensplanung war dahin. Ich wollte den Schmerz um ihn gar nicht loslassen. Und ich wollte es schon gar nicht der Zeit überlassen, wann und ob diese Wunde jemals heilen würde. Ich wollte gar nicht heilen. Ich wollte ihn für immer in meinem Herzen eingeschlossen halten, auch wenn es mein Leben lang wehtun würde. Ich wollte ihn nicht verlieren!"

Llano: „Hast Du es dem Mann, den Du Pastor nennst, gesagt?"

Ich: „Natürlich nicht!"

Llano: „Wieso nicht?"

Ich: „Es war der Pastor!"

Llano: „Und was ist an dem so besonders, dass Du ihm nicht authentisch sagen duftest, wie es Dir mit dem ging, was er Dir sagte?"

Ich: „Ich wurde so erzogen. Ich bleibe auch höflich, wenn man unbeherrscht oder ungerecht mit mir umgeht, um mich nicht ebenso taktlos zu verhalten wie jemand, dessen Verhalten mir weh tut. Ich möchte niemanden verletzen."

Llano: „Zu sagen, dass dort eine Grenze ist, wäre eine Verletzung gewesen?"

Ich: „Ja und Nein. Vielleicht habe ich mich einfach nicht getraut. Ich war wütend. Ich hatte Angst, dass es falsch rüberkommt und ich einen falschen Eindruck hinterlassen würde."

Llano: „Welchen denn?"

Ich: „Einen ungehobelten, unerzogenen und wütenden."

Llano: „Du hast Dir also an dem Tag das Wütendwerden untersagt?"

Ich: „Nein. Das habe ich schon früher gelernt, zu Hause in meiner Erziehung."

Llano: „Aber wütend zu werden ist doch Natur. Wie kannst Du einen ganzen Anteil Natur einfach so in Dir begraben? Wenn Du solche Sachen mit Dir herumträgst, dann ist es doch kein Wunder, dass Dein Körper nicht heilen kann. Er ist noch wütend. Warst Du auf die Stute wütend, die Dich getreten hat?"

Ich: „Nein, es war ja meine eigene Unachtsamkeit."

Llano: „War es das?"

Ich: „Und ich musste meinem neuen Partner sachlich, fachlich und plausibel erklären, warum das geschehen ist, damit er es versteht. Ich dachte, dann bleibt er bei mir. Ich wollte nicht schon wieder jemanden durch einen Unfall verlieren. Das habe ich damals auch versucht zu tarnen. Ich habe an dem Tag, an dem das geschah, unmittelbar diese Zusammenhänge erschließen können, doch die waren vorerst zu spiritueller Natur, um sie zu kommunizieren, ich habe mich nicht getraut. All das war für mich schwer zu vermitteln und schien für mein Umfeld eine Ausrede für die Situation zu sein…weit hergeholt."

Llano: „Welche Zusammenhänge waren denn das?"

Ich: „Ich versuche es kurz: 1.) Die Stute musste sich den ganzen Tag zusammenreißen, und als es dann endlich möglich war, sich zu entladen, tat sie es auch. Das ist ganz natürlich. 2.) Sie ging mit zwei Menschen spazieren, die sehr verliebt waren. Vielleicht war das etwas viel ungeerdete Energie, um die zusätzlich auch noch in sich zu managen. Sie ist einfach vor Emotionsstärke explodiert. Und 3.) Sie wollte mich zum Spielen auffordern. Die Wochen zuvor habe ich viel mit ihr frei gespielt, auch getobt, jedoch immer mit gesunder Distanz. Ich habe mich viel mit pferdischer Körpersprache beschäftigt. Eines Morgens hatte ich schon einmal den Eindruck, sie verwechselt mich fast mit einem Pferd. Doch ich bin keins. Ich sprach an den Tagen die Sprache der Pferde nur scheinbar sehr gut. Sie hat mich nur genauso aufgefordert dort am Graben, wie sie ihre beste Freundin zum Toben und Losrennen aufgefordert hätte. Wenn ich tagelang versuche, mich zu verhalten, wie ein Pferd, sollte ich mich nicht wundern, wenn ich auch wie ein Pferd behandelt werde. Und nur das hat sie getan. In ihrem Ansteigen war daher im Grunde überhaupt keine böse Absicht. Und 4.) habe ich gerade schon erläutert: Eine unaufgearbeitete Thematik stand im Raum. Die Stute hat gewiss die alte Anspannung gespürt und war nur die „Überbringerin der Nachricht", dass da noch etwas ist, dass mich einst zu Boden gebracht hat und niemals richtig aufgearbeitet wurde. An dem Tag gab sie mir eine Gelegenheit, zu meiner Verletztheit zu stehen."

Llano: „Das klingt alles goldrichtig. Doch wo steckt die Wut?"

Ich spürte, wie es in mir zu brodeln anfing. Tief in meinem Becken entstand ein Puls, eine Vibration, die sich den Weg in Richtung meines Kopfes bahnte. Ich musste mich sehr beherrschen, als die Wut hochkochte. Ich wollte sie hinunter in Richtung Boden lenken, um mich zu erden. Doch das gelang mir nicht. Ich wurde hochrot und wütend.

Ich: „Ich bin wütend, dass mir niemand meine Erläuterungen geglaubt hat. Nicht mein Partner und auch nicht die Freundin, der ich das alles erzählte, und meine Eltern verstanden es auch nicht. Alle meinten, dass meine Schlüsse sehr weit hergeholt wären. Immerhin würde ich nur nicht akzeptieren wollen, dass ich einen Fehler gemacht hatte. Ich wollte mich plausibel herausreden, weil ich nicht sehen wollte, dass Pferde gefährlich wären – und dass mein Beruf gefährlich wäre. Ich sollte alles überdenken und mir anschauen, wie ich aussehe... Danach fühlte ich mich im Stich gelassen und allein. Ich hatte das Gefühl, da ist niemand wirklich auf meiner Seite, niemand, der hinter mir steht, niemand, der mich auffängt oder unterstützt. Oder wahrhaftig fürsorglich mit mir umgeht und mich hält. Im Gegenteil. Wenn ich falle, müsste ich mich auch noch rechtfertigen. Ich bin so wütend, dass niemand zu mir hält und niemand an mich glaubt! Und ich hatte Angst, meinen Freund zu verlieren.

24.07.2019– Aktivierung der Selbstachtung

Llano: „Und kannst Du die Gemeinsamkeiten all dieser Verstrickungen nun sehen? - Das ist wichtig. Die Stute war doch nur die Überbringerin einer Nachricht. Sie hat stellvertretend das getan, was im Raum stand. Sie hat eine Energie in ein Bild transformiert."

Ich brauchte einen Moment, um mich wieder zu sammeln. Schließlich wollte ich nicht all meinen hochkochenden Dunst an Llano auslassen. Er konnte am wenigsten dafür. Ich hatte mich immer gewissenhaft mit solch starken Emotionen im Raum der Pferde zurückgehalten. Sie sollten diese starken Schwingungen aus meinem Menschenleben nicht abbekommen müssen. Nach ein paar Minuten fiel mir eine Parallele auf.

Ich: „Es sind alles Männer, die mir in der Vergangenheit sagten, was wie sein wird, was und wie etwas richtig oder falsch sei und dass sie letztendlich diejenigen sind, die etwas entscheiden."

Llano: „Stimmt. Ist ja auch nicht schlimm. Aber was genau ist es?"

Ich: „Sie sagen mir, ob ich richtig denke? Sie sagen mir, ob ich ganz richtig bin? Und ich habe ihnen Glauben geschenkt und mir selbst meine Unterstützung versagt. Nur, weil ich höflich bleiben wollte, habe ich etwas in mir unterdrückt, was sich zeigen wollte. *Dringend* zeigen wollte. Ich war in Not. Lange."

Llano: „Fast. Was genau tun Männer? Und was genau ist das, was DU daraufhin tust? Das ist der Kern, denn darum geht es hier."

Ich muss nochmal innehalten und in mich gehen. Plötzlich kommen ein paar glasklare Gedanken auf:

„1.) Ich glaube ihnen! Ich glaube ihnen mehr, als mir! Ich glaube ihnen mehr, als meiner eigenen sinnlichen und außersinnlichen Wahrnehmung! Und 2.) Ich nehme mich wegen ihnen zurück und begrenze mich, um ihnen nicht zu schaden oder ihnen nicht ihre teilweise Unzulänglichkeit vor Augen zu führen.

Ich glaube ihnen spontan mehr, als meinen Gaben und meiner Kompetenz – das strahle ich dann vorsichtshalber aus, um in Sicherheit zu sein. Als Mann muss er sich mir einfach entgegen stellen und ich knicke ein! Das war auch früher schon so. In meinem Elternhaus hatte am Ende auch immer der Vater das abschließende Wort. Auch, wenn er schwieg. Danach knickte ich häufig mit dem Knöchel um. Ich fühlte mich allein und orientierungslos. Dabei war ich im Grunde wirklich stark und selbstbewusst. Ich sagte oft nichts, obwohl ich friedlichere und umfassendere Lösungen und Ideen für etwas hatte, als er oder der Rest der Familie. Ich schonte ihn, weil ich spürte, dass er Angst davor hatte, als Versager gesehen zu werden... Das war ein uraltes Familienthema und mit viel Angst und Scham besetzt."

Llano: „Und worauf ist es dann schlussfolgernd nur möglich, wütend zu sein?"

Mir fällt es wie Schuppen von den Augen. Jetzt hab ich es, was alle Situationen, in denen ich gelitten habe, miteinander verbindet.

Ich: „Ich bin absolut und höchst wütend AUF MICH SELBER! Ich bin wütend darauf, nicht genügend Mumm beweisen zu können, wenn ein Mann vor mir steht und mich verbal und emotional verletzt. Irgendwo tief in mir ist geprägt, dass man dem Mann nicht widerspricht. Daran habe ich mich gut erzogen gehalten und es auch dann nicht getan, als mir gespürtes Unrecht widerfuhr. Wahrscheinlich geht es ganz vielen Frauen so... Ich könnte jetzt stellvertretend auf Männer wütend sein, aber die Handelnde beziehungsweise die Nicht-Handelnde bin doch ich! Und der Kern ist im Grunde, dass ich viel mehr zu mir und meiner Verletzlichkeit stehen wollen würde, aber ich traue mich nicht, um niemanden zu verlieren. Das ist die Angst vor dem Verlassenwerden."

Llano rupft zufrieden neben mir etwas von dem schönen saftigen Gras und kaut genüsslich. Seine Augen werden sanft. Und mit einem allgemeinen „Jetzt hat sie´s", geht er gemächlich seiner Molly auf der Weide entgegen. „Fertig für heute", ist der Satz, der im Raum steht. Ich weiß zwar gerade noch nicht, was das eine mit dem anderen zu tun hat. Aber ich vertraue Llano. Es reicht, wenn *er* weiß, dass wir gut auf dem Weg sind. Heute war er wieder einmal mein Coach und mein Psychotherapeut. Ich werde jetzt einmal meiner Wut und der Angst, aus der sie entstanden ist, auf den Grund gehen und nach vielen unverdauten Situationen in mir Ausschau halten, die vielleicht in selben oder vergleichbaren Mustern geschehen sind.

Auf dem Weg nach Hause fallen mir schon zig Situationen ein, in denen ich mich verletzt und ohnmächtig fühlte. Ich fühle mich etwas wackelig und ich bin fassungslos, als ich die Fülle der Situationen in meinem gesamten Leben erkenne. So im thematischen Zusammenhang habe ich das noch nie gesehen. Ich fühlte mich so oft plötzlich unmündig, entmündigt, bevormundet und hatte dann immer Angst, jemanden zu verlieren, wenn ich den Mund aufmachen würde. Das sind doch alles Übergriffigkeiten. Und warum habe ich nie etwas gesagt? Einerseits aus Hemmungen, die mir eingepflanzt wurden, andererseits aus Fassungslosigkeit, weil ich so baff und überrumpelt war, und gar nicht glauben konnte, dass mein mir offiziell wohl gesonnenes Gegenüber das eine oder andere tatsächlich ernst meinte oder sich so übergriffig verhielt. Und dann wollte ich auch noch höflich und nett bleiben, um ja niemanden zu verletzen. Schon gar nicht jemanden, den ich mochte. Und warum wollte ich das nicht? Na, damit dann nicht erneut etwas wie ein Bumerang zu mir zurückkommt, was mich dann wieder und vielleicht noch stärker verletzt. Ich hatte Angst vor einem immer heftiger werdenden Schlagabtausch im Streit, den ich vielleicht sogar gewinnen könnte oder würde, wodurch ich aber die Beziehungen zu mir wichtigen Menschen gefährden würde. Das dachte ich jedenfalls. Ich wollte meine Kritikfähigkeit unter Beweis stellen. Und ich wollte nie wieder jemanden verlieren. Schon gar nicht selbstverschuldet.

Vielleicht ist es manchmal richtig, sich zurückzuhalten, um keinen Schaden anzurichten, aber nach meinen neuesten Erkenntnissen ganz gewiss nicht immer. Manchmal ist es anscheinend auch wichtig, für sich einzustehen und alles auf eine Karte zu setzen. Ich bin selbst ermächtigt, ich habe die Wahl. Mir wurde klar, dass es nun an der Zeit wäre, sich aufzurichten und ganz klar und eindeutig zu sich und den eigenen Gefühlen zu stehen. Ich muss lernen, mich für mich einzusetzen. Bedingungslos, wenn nötig. Dazu gehört es auch, andere wissen zu lassen, wann sie die Grenzen meinerseits achtlos überschreiten und verletzend auf mich einwirken. Und ich darf zu meiner Verletzlichkeit und Verletztheit stehen, trotz der Angst, dass deshalb jemand überfordert ist und geht. Ich muss meine Grenzen liebevoll selber achten. Dann können es auch andere. Wie sollten andere erkennen, wo meine Grenze ist, wenn ich sie niemals echt und authentisch nach außen offen zeige? Oder ich muss lernen, diese Grenze zumindest zu kommunizieren, auch, wenn es die Situation unbequem und unangenehm macht und cih Angst bekomme.

Mir wurde klar, dass ich meine Gegenüber in meiner gesamten Vergangenheit über meine Grenzen stets im Dunkeln habe stehen lassen. Ich wollte sie und mich schonen. Und ich wollte so lange gerne als die taffe Frau erscheinen, die alles im Griff hat und vor Stärke nur so strotzt. Das war schon als Kind mein Idealbild. Ich mochte keine Frauen, die weich und zu emotional waren. Ich empfand sie als zu verletzlich. Das erschien mir in dieser Welt lebensuntauglich. Doch mir ist klar: Die durch und durch taffe Frau bin ich gar nicht. Und war ich auch nie. Ich bin genauso fein, zart, zerbrechlich und manchmal überfordert von der Welt und ängstlich in neuen Situationen, wie alle anderen auch. Das kann ich heute gut zugeben. Ich bin ein fühlendes Wesen mit einem guten intuitiven Gespür für Gerechtigkeit und Grenzen. Warum stehe ich nur nicht zu meiner Weichheit? Sie besteht doch aus purer Stärke, wenn man sie offenbart?!

Alle Menschen sollten Achtung voreinander haben. Es war dringend an der Zeit, mir neuen Respekt zu verschaffen und mir meine Würde zurück zu erobern – vor allem mir selbst gegenüber. Ich möchte Achtung vor mir selbst haben und darf mich selber lieben.Um das nach außen zu transportieren muss ich authentisch werden. Und um das zu können, ist es nötig, die eigenen Grenzen bewusst wahrzunehmen und selbst zu achten. Durch Körpersprache, Mimik, Gestik und vor allem durch gut gewählte Worte können sie gezeigt werden. Das ist eine interessante Aufgabe für die nächste Zeit. Es ist meine persönliche Herausforderung und meine Hausaufgabe.

Ein paar Wochen verstreichen und ich widme mich unaufhörlich diesen Hausaufgaben. Llano betrachtet mich oft eindringlich. Ohne ein Wort nimmt er zur Kenntnis, dass ich anscheinend für ihn sichtbar an mir arbeite. Ich mache mir viele Gedanken, ich träume, habe allerhand Situationen aufzuarbeiten, die der Pferdemann durch das Wackeln an meinem Fundament in Aufruhr gebracht hat.

Es gab einen Moment in diesem Jahr, in dem ich dachte, ich wäre schon ganz gut geklärt mit mir und der Welt. Ich dachte, meine Klarheit hätte zugenommen und ich würde die Dinge, die ich in der Welt sehe, schon ganz gut neutral einschätzen und angemessen bewerten können. Ich fühlte mich damit kurzfristig sicher. Und ein bisschen erhaben. Doch weit gefehlt! Was für ein Irrglaube! Sicherlich konnte ich zu der Zeit einmal durchatmen und etwas Kraft sammeln. Ich hatte nur eine Treppenstufe auf dem Weg der Bewusstwerdung erlangt. Doch kaum war ich dort angekommen, schenkte mir das Leben neue Lektionen. Ich musste mir eingestehen, dass dieses kurze Luftholen nur der Moment war, in dem ich genug Kraft gesammelt hatte, um mich auf das Überwinden der nächsten Stufe vorzubereiten. Llano hat mir gezeigt, dass ich noch immer unerlöste Thematiken mit mir herumtrage.

Ich hatte zu der Zeit, als diese Situationen mir widerfuhren, nur eine vorübergehende Strategie angewandt, um emotional-geistig danach wieder Ruhe einkehren zu lassen. Mein Körper konnte sich etwas erholen. Aber wirklich gelöst hatte ich die Situationen in mir nicht. Sie hingen nicht nur im Unterbewusstsein, sondern auch irgendwo im Gewebe meines Körpers fest und warteten, bis ich auf einer neuen Stufe der Bewusstwerdung war. Um sie dann, alle noch einmal, aus einer neuen Perspektive anschauen zu können. Bedeutet LEBEN immer so viel inhaltliche Arbeit? Ich weiß es nicht. Bei mir schon. Wahrscheinlich nicht bei allen Menschen. Ich denke, jeder verfolgt dabei sein ureigenes Tempo und seine eigene, ihm mögliche Tiefe. Mit diesen Gedanken komme ich bei Llano an der Weide an.

15.08.2019 - Statt Kommunikation Sprache?

Es regnet heute. Ich gehe nach der Arbeit auf die Weide, um nach den Pferden zu schauen. Hier an der Oste gibt es im Sommer viele Blindfliegen. Das ist der Grund dafür, warum die Pferde tagsüber gerne im Offenstall stehen und nur nachts zum Grasen auf die Weide gehen. Doch heute, bei etwas Wind und Regen, scheinen die Blindfliegen wie vom Erdboden verschwunden zu sein. Ich hocke mich in den Stall und beobachte etwas erschöpft vom aktionsgeladenen Tag die zufrieden grasenden Pferde. Als Llano mich sieht, kommt er zu mir und stellt sich neben mich in den Stall. Er scheint schon den ganzen Tag draußen auf der Weide zu sein, denn er macht einen satten und in sich ruhenden Eindruck. Wie so oft beginnt er neben mir zu dösen. Seine Augen sind halb geschlossen, sein Kopf wiegt sich entspannt im Atemrhythmus leicht auf und ab, seine Unterlippe lässt er lockerer hängen als im Wachzustand und seine Atemzüge werden lang und ruhig. Er scheint sich wie in eine Art Trance zu begeben, da höre ich wieder seine Stimme in mir:

„Du bist kurz davor zu begreifen, was ich Dir beibringen und vermitteln will."

Ich: „Du kannst es mir doch auch einfach sagen, wenn es etwas zu sagen und zu begreifen gibt. Warum lässt Du mich so viel arbeiten und denken, wenn Du es mir doch auch einfach direkt mitteilen kannst? Nun haben wir schon diese besondere Form der Kommunikation erschlossen, wieso nutzen wir sie nicht?"

Llano: „Weil Sprache Euch Menschen nichts bringt."

Ich: „Wie meinst Du das denn? Sprache ist so ein wundervolles Hilfsmittel. Man kann sich die Dinge, die man denkt, direkt sagen, ganz ohne Umweg. Das geht schnell und unmittelbar. Das ist doch eine herausragende Fähigkeit und eine gute Möglichkeit, oder findest Du nicht?"

Llano: „Sprache macht vor allem Probleme. Deshalb treffen wir beide uns auch nur auf dieser Ebene, wenn es notwendig ist. Und auch nur, weil ich sehe, dass Du bemüht bist, zu verstehen, was sich hinter der Sprache verbirgt."

Ich: „Und wieso empfindest Du Sprache genau als schwierig?"

Llano: „Weil Sprache nicht so direkt ist, wie ihr Menschen glaubt. Sprache ist eine Art künstlicher Code, mit dem ihr gelernt habt, Gefühle und Befindlichkeiten auszudrücken, um sie letztendlich in ihrem Wesenskern zu umgehen. Aber ohne Emotionen sagt Sprache gar nichts. Emotionen ohne Sprache jedoch sprechen Bände. Ihr habt zugunsten der Sprache aufgehört, euch über die Emotionen direkt auszutauschen. Ihr seid miteinander verbunden. Doch die meisten von euch haben das vergessen. Was der eine fühlt, fühlt auch jeder, der mit diesem einen verbunden ist. Es ist nicht nötig, darüber dann zusätzlich noch viel mit Worten zu kommunizieren, weil jeder Verbundene die unmittelbare Wahrnehmung teilt. Doch weil ihr euch voneinander getrennt habt und jeder unbedingt ein autonomes Einzelwesen, ein Individuum, sein will, hat jeder seine Grenzen so gesetzt, als wäre er allein. Und so fühlt ihr euch dann auch. Individuell, aber allein. Viele von euch sind einsam und ihr versteht nicht, dass, je mehr Sprache ihr ohne Gefühle benutzt, ihr umso getrennter voneinander seid. Fühlen und Mitfühlen bleiben auf der Strecke. Du weißt, wovon ich spreche, denn Du bist mit uns verbunden und fühlst, wie es mir geht, auch wenn Du ganz weit entfernt bist. Du weißt es in demselben Moment wie ich, wenn mit mir etwas nicht in Ordnung ist. Deshalb bist Du vor eineinhalb Jahren am Heiligen Abend auch zur Weide gekommen. An dem Tag, als mir so kalt war und die nasse Kälte mir in die Knochen zog. Ich hatte keine Lust mehr, hier zu sein. Warum hast Du Dich damals ins Auto gesetzt und bist zu uns Pferden gekommen?"

Ich: „Mir war kalt und in mir war es irgendwie unruhig. Ich habe aus dem Fenster geschaut und den grauen Himmel gesehen. An dem Tag kam ein Graupelschauer nach dem anderen und plötzlich hat es sich in mir geregt, ich müsste noch einmal zu euch fahren. Ich hatte die meisten Weihnachtsvorbereitungen fertig. Und eine Art schlechtes Gewissen kroch in mir hoch, dass ich an dem Morgen viel zu wenig aufmerksam bei euch war und nur wenig Zeit mit euch verbracht hatte. Ich fühlte eine Einsamkeit. Mir ist kurz klar gewesen, dass ich euch auch nicht so achtsam begegnet bin, wie sonst. Ich war so fokussiert auf meinen inneren Plan und was ich noch alles erledigen und vorbereiten wollte. Ich war am Morgen nicht ganz bei der Sache gewesen und dachte, ich hätte vielleicht irgendetwas übersehen. Und ich wollte eure Gemeinschaft fühlen."

Llano: „Das nennt ihr Menschen Intuition. Intuition, ein Bauchgefühl, das sich mit der Weisheit des Herzens verbunden hat, und über ein viel größeres Wissen verfügt, als euer kleiner, überbetonter Verstand. Ihr seid zwar der Meinung, dass ihr euch von den Tieren unterscheidet, aber das ist ein Irrtum. Das einzige, was daran wahrhaftig stimmt, ist, dass ihr euch mittlerweile oft auf eure Sprache verlasst. Viele von euch haben untereinander nur noch eine Art sachlichen Informationsaustausch, aber wesentliche Dinge, wie es euch geht und was ihr wahrnehmt, tauscht ihr nicht mehr aus. Ihr habt euch voneinander abgekapselt. Scheinbar habt ihr große Angst davor, euch einzugestehen, dass ihr nicht mehr oder besser seid, als wir. Mit eurem Verstand versucht ihr, uns zu übervorteilen. Ihr sammelt so viel Wissen an und glaubt auch noch, dass es wichtig sei, so viel zu wissen. Ist es aber nicht. Und es ist oft sogar ohne Sinn. Es sind häufig nur Fakten. Emotions- und damit leblose Fakten. Ihr reichert die Fakten dann mit Geschichten an, auf die ihr euch beruft. Sie sind euch bereits in der Vergangenheit widerfahren. Und schon verstrickt ihr euch von einem alten Drama ins nächste. Wenn ihr einander emotional wahrnehmen würdet, wäre euer Austausch zehnmal schneller, persönlicher, authentischer und ehrlicher. Wohlwollender, denn ihr könntet es gar nicht aushalten, einander weh zu tun. Ihr wäret im Jetzt. Und ihr wäret wieder miteinander verbunden.

Der Verstand ist nie im Jetzt. Der Verstand bewegt Geschichten aus der Vergangenheit an die Oberfläche und gaukelt euch vor, dass euch schon wieder etwas Ähnliches passiert, wie ihr schon kennt. Er erinnert sich, was ihr damals für Gefühle hattet, und gaukelt euch vor, ihr hättet jetzt genau dieselben Gefühle. Aber das ist nur eine Erinnerung. Wie ein Theater. Er spielt euch etwas vor, damit ihr nicht zu beunruhigt seid. Oder damit ihr wieder dieselben Strategien benutzt, wie damals. Damit wiederholt ihr eure Vergangenheit wieder und wieder. Aber etwas erfrischendes, nährendes Neues geschieht euch so nicht. Jedenfalls bekommt ihr nicht mit, dass gerade etwas Neues geschieht oder geschehen *könnte*, weil euer Verstand es für euch in Windeseile beurteilt und bewertet, sondiert, sortiert und in die Schubladen eurer Denkweise einordnet. Damit Ihr es dann möglichst schnell abhaken könnt. So habt Ihr keine Chance, etwas als ganz neu zu erleben. Ihr habt viel Angst voreinander.

Eurer Verstand und eure Sprache machen euch nicht nur im Jetzt langsam, sondern verhindern auch eure Reifung und eure Weiterentwicklung. Viele von euch scheinen sich sogar zurück zu entwickeln, zu verkümmern. Ihr nehmt einander in der kollektiven Entwicklung nicht mehr mit, weil ihr so getrennt voneinander seid. Ihr schützt euch voreinander. Das ist absurd."

Ich bin schon wieder überrascht. Dachte ich doch, wenn ich mit Llano auf diese Weise kommuniziere, dann würden wir dort weiterarbeiten, wo wir letztes Mal stehen geblieben sind. Ich habe meine Hausaufgaben gemacht und habe von neuen Erkenntnissen zu berichten. In mir hat es weitergearbeitet. Doch Llano will heute scheinbar etwas anderes von mir.

Ich lasse Llanos Gefühle und seine Einstellung bezüglich unserer Sprache und Worte auf mich wirken. Nach einer Weile frage ich ihn:

Ich: „Llano, was meinst Du eben mit ehrlicher? Meinst Du, wir Menschen sind nicht ehrlich? Meinst Du damit grundsätzlich uns alle? Ehrlichkeit ist mir seit je her so wichtig. Ich bemühe mich wirklich sehr um eine echte, aufrichtige und verbundene Ehrlichkeit."

Llano: „Wenn ihr einander fühlen würdet, wenn ihr euch ganz öffnen könntet und würdet mit eurem Nächsten mitfühlen, was er gerade durchmacht, würden keine Worte der Welt dieses Gefühl auch nur annähernd treffend und in Vollkommenheit beschreiben können. Sprache kann das nur umschreiben und zwar mit vielen Worten. Viele von euch gehen mit der Sprache nicht einheitlich um. Der eine sagt ein Wort und der andere verbindet damit etwas anderes, zum Teil gänzlich anderes, als der erste. Je mehr Worte ein Satz hat, desto mehr Missverständnisse können aufkommen. Das geschieht in einem voll gegenwärtigen Mitfühlen nicht. Dort gibt es höchstens Abweichungen in der Tiefe der Wahrnehmung, weil nicht jeder von Euch eine gut ausgeprägte Gefühlswahrnehmung besitzt. Ihr trainiert sie euch ab. Ihr fühlt euch sicherer und belastbarer, dadurch, dass ihr euch zu viel auf den Verstand einlasst und euch nicht mit den dazugehörigen Gefühlen auseinandersetzen müsst. Der Verstand sollte euch ein helfendes Instrument sein. Aber manche von euch scheinen zu glauben, sie bestehen vollständig ausschließlich aus ihrem Verstand. Solche Menschen verstehen uns Pferde dann kaum noch. Sie können allerhöchstens noch Äußerlichkeiten analysieren, aber sind nicht in der Lage, einfühlsam mitzufühlen. Wir Pferde kommunizieren mit dem Gefühl, von Herz zu Herz. Wir sind miteinander verbunden. In unserer kleinen Gruppe zu Hause oder über weite Strecken hinweg. Wir sind verbunden, wenn wir die Chance bekommen, natürlich zu leben und ihr uns nicht auf euer System angepasst habt."

Ich: „Was meinst Du damit?"

15.08.2019 – Die Lehre des natürlichen Daseins

Llano: „Die Art und Weise, wie ihr lebt und miteinander umgeht, ist nicht mehr natürlich. Ihr seid es, die von der Natur abgekommen sind. Und das, was ihr miteinander tut, tut ihr nun auch mit uns. Ihr steckt uns in unnatürliche Gebäude, in denen wir schlafen und wohnen sollen. Ihr seht uns als Individuen und ihr fördert das Individuelle, das Persönliche in uns. Ihr begrenzt uns und ihr kapselt uns voneinander ab. Ihr entscheidet, wann wer von uns was darf, tun sollte oder muss. All eure selbst erschaffenen Korsetts habt ihr mit in die Pferdeställe gebracht und lasst uns so leben, wie ihr lebt. Ihr zerreißt nach und nach unsere Verbundenheit, ihr entwurzelt uns, ihr reißt uns aus unseren Stammfamilien, ihr gebt uns zu fressen, was industriell hergestellt und mit giftigen Mitteln bespritzt wird und ihr lasst uns keinen Freiraum für eigene Entscheidungen. Ihr entscheidet so gut wie alles, sowohl für uns, als auch über unsere Wünsche hinweg. Das bisschen, was jeder von uns dann noch selbst entscheiden darf, hat mit wahrhaftigen Lebensentscheidungen nichts mehr zu tun. Es ist, als wäret ihr selbst der Meinung, uns noch nicht alles genommen zu haben. Doch alles, was von Bedeutung ist, das habt ihr längst an Euch genommen und kontrolliert es. Darüber hinaus dürfen wir zwar noch mitentscheiden, aber ausschließlich im Bereich der Unmündigkeit.

Wenn ihr all das, worunter ihr leidet, mit in unsere Welt bringt, dann könnt ihr nach einer Weile an uns sehen, wie es EUCH geht. Denn dann habt ihr das Lebenssystem nicht nur für euch fehl errichtet, sondern auch für uns. Einige von euch haben verstanden, worum es geht, andere noch nicht. So lange sich die Menschen die Natur, unsere Natur und ihre eigene Natur nicht vergegenwärtigen, so lange werden die Weichen so gestellt bleiben, wie sie jetzt sind. Wir überleben das – wir sind seit Jahrtausenden Meister der Anpassung. Aber gut geht es uns damit nicht und wir werden nach und nach entwurzelt, entzweit und krank. Ihr könnt an uns sehen, was ihr tut. Ihr könnt es aus der Distanz oder aus der Nähe betrachten, jeder so, wie es ihm leichter fällt, es zu begreifen. Doch scheinbar scheint es vielen von euch gar nicht mehr um das Leben selbst, die Entwicklung, die Evolution zu gehen, sondern nur noch um Bequemlichkeit, Wohlgefühl und Ablenkung. Ja, ihr scheint euch gerade von dem, wozu ihr Mensch geworden seid, mit aller Macht abzulenken, um euch ja nicht wahrhaftig bewegen zu müssen. Auf keiner Ebene. Ihr seid einem Wohlstand verfallen und seht ihn nicht einmal. Ihr leidet unter dem, was ihr nicht habt oder was Ihr nicht schafft. Ihr habt euch emotional verschanzt, um ja nicht den anderen zu spüren. Damit bewegt ihr euch emotional stets im Mangel und rennt andauernd irgendetwas oder irgendjemandem hinterher. Dass ihr daran erkrankt, wenn ihr euch voneinander abtrennt, das wollt ihr scheinbar gar nicht sehen oder hören. Ihr seid schließlich Individuen, so glaubt ihr zumindest. Ihr habt die Natur nicht verstanden und viele von euch haben auch keine Chance mehr dazu. Viele begegnen der Natur ja nicht einmal mehr in ihrem eigenen Pferdestall. Dort ist es nicht mehr natürlich, dort ist es vermenschlicht. Und nach menschlichen Maßstäben optimiert. Das ist das Gegenteil von dem, wie es sein sollte."

Ich: „Du gehst heute aber besonders hart mit uns ins Gericht. Ich glaube, nicht alle Menschen sind so, wie Du beschreibst."

Llano: „Stimmt. Wir hier zum Beispiel haben es mit Dir gut getroffen. Ich bin so eindeutig, damit Du klarer werden kannst. Klarer mit den Menschen. Ihr habt nicht mehr so viel Zeit. Ihr richtet den Planeten zugrunde und mit ihm uns alle. Kein Lebewesen auf dem Planeten macht so viel kaputt, bringt so viele Gleichgewichte durcheinander, wie ihr Menschen. Ihr müsst wieder lernen zu fühlen. Und all die Fühlenden müssen sich zusammenschließen und sich verbinden, wie ein Netzwerk, alle mit derselben Absicht. Nur so könnt ihr all den verstandes-schweren, emotional erkalteten Menschen unter euch Einhalt gebieten. Ihr müsst zurückfinden zu eurer Natur. Eure Natur ist Liebe. Da ist nur Liebe in eurem Kern. Aber das könnt ihr nicht mehr oder noch nicht sehen. Ihr habt es vergessen. Und ihr habt Angst vor der Liebe. Weil ihr euch dann vollkommen öffnen und euch aufeinander einlassen müsstet. Dann würdet ihr erkennen, wo ihr steht.

Es ist so viel Schlimmes geschehen in der Menschheits-geschichte, dass ihr euer Fühlen vorsichtshalber verschlossen und abgespalten habt. Ihr steckt in einer emotionalen Starre. Wie in einem großen kollektiven Schock. Ihr müsst wieder aufwachen und die Aufgewachten unter euch müssen anfangen, etwas zu tun. Die, die in ihrem Bewusstsein noch schlafen, weil sie das für sich so entschieden haben, weil sie wollen oder weil sie Angst haben vor der Welt, die lasst ruhig noch eine Weile schlafen. Ihr müsst aufhören, euch gegenseitig mit Besitztümern zu übervorteilen. Ihr müsst wieder teilen lernen.

Diejenigen jedoch, die gerne aufwachen wollen, weil sie spüren, dass es nicht nur möglich ist, bewusster zu werden, sondern auch nötig, denen solltet ihr unter die Arme greifen und zwar gemeinschaftlich. Diese Menschen werden in den nächsten Jahren Hilfe suchen. Um Helfer zu sein, braucht niemand von euch erleuchtet zu sein. Das könnt ihr Menschen auch gar nicht sein, jedenfalls nicht ständig. Ihr würdet es nicht aushalten, denn das würde euer energetisches System überlasten. Aber

Aufgewachte müssen jetzt aufhören, sich in ihrem Wald vor der Welt zu verstecken und sich aus Sicherheitsgründen vor der Härte der Welt abzugrenzen. Das ist für Dich dran. Helfe denen, die Hilfe brauchen und sich entschieden haben, Hilfe annehmen zu wollen. Sei die Natur, die Du bist. Verbinde Dich wieder mit anderen. Sich einzulassen macht freier, als sich abzugrenzen."

15.08.2019 – Angst durch Getrenntsein

Ich: „Ja, das sagst Du wahre Worte. So oft versuche ich Licht ins Dunkle der Pferdeställe zu bringen. Doch hier und da stoße ich auf Widerstand. Dann ziehe ich viel Zorn auf mich. Das betrifft oft gar nicht diejenigen direkt, die ich besuche, weil sie ja diejenigen sind, die mich zum Helfen und zur Aufklärung einer Verstrickung eingeladen haben. Das betrifft oft mehr die, die zuschauen und Zeuge dessen werden, dass dann für diese Pferde und Halter etwas Schönes, etwas Öffnendes oder sogar etwas Heilsames geschieht. Oft bekomme ich Feedback von den Menschen, mit deren Pferden ich gearbeitet habe. Nach kurzen Erfolg in ihrem Thema bekommen sie Probleme in den konservativen Ställen und werden begrenzt, wenn sie beginnen sich zu entwickeln. Sie dürfen ihre Pferde nicht auf die Art und Weise frei in der Halle oder auf dem Arbeitsplatz laufen lassen, um frei miteinander zu arbeiten, weil es zu viel „Schaden" auf dem Boden anrichten würde, wenn die Pferde frei laufen. Die klärende und sinnstiftende Bodenarbeit wird von Außenstehenden belächelt oder verhöhnt und den Haltern wird ins Gewissen geredet, dass sie ihr Pferd lieber härter rannehmen sollten, als sie in die persönliche Freude und Freiheit zu geleiten. Das tut mir dann leid, denn die Halter wollen das Beste für ihr Pferd und bemühen sich so sehr. Doch in einigen Ställen scheint das wie nicht erlaubt zu sein. Sichtbare Härte, Strenge und versteinernde Ordnung bekommt mehr Achtung und Anerkennung als Öffnung, Entwicklung und Liebe. Obwohl es meist in Gewalt und Übergriffigkeit endet und keine wahre Lösung bietet."

Llano: „Warum halten Menschen es nicht aus, dass es anderen Menschen neben ihnen gut geht? Oder wenn sich für andere von ihnen etwas zum Positiven entwickelt?"

Ich: „Das muss mit dem Getrenntsein, das Du beschrieben hast, zusammenhängen. Anstatt sich mit ihnen an der Entwicklung ihres Pferdes zu erfreuen, wird Unmut gesät, Erfolg geschmälert, Freude vernichtet, Kraft im Keim erstickt. Es scheint, als ob jemand übergeordnet zwanghaft die Kontrolle behalten will. Er möchte vielleicht Erfolg des anderen verhindern, wittert Konkurrenz, müsste seine eigene Arbeits- und Umgangsweise mit seinem Pferd selbst überdenken, wenn meine Ratschläge und vorgeschlagenen Methoden fruchten. Ich denke, im Kern des Übels versteckt sich die Angst, es selbst nicht angemessen oder gut für die eigenen Pferde zu machen. Ich glaube, Menschen haben große Angst davor, sich selbst Fehler einzugestehen oder im Unrecht zu sein. Sie müssten sich selbst reflektieren. Doch da wartet oft schmerzendes, kränkendes Übel auf sie. Dem versuchen sie zu entgehen oder sich zumindest davon im Außen abzulenken."

Llano: „Ja, Ihr Menschen habt so viel Angst. Nicht vor der Welt, sondern vor etwas anderem. Ich begreife das nicht. Wenn es Pferden in meiner Herde gut geht, brauche ich doch keine negativen Gefühle über sie zu haben. Dann kann ich mich für sie und mit ihnen daran erfreuen. Ich klinke mich einfach über das Mitfühlen in ihre Stimmung ein – und schon geht es mir auch gut. Je mehr es einzelnen von uns gut geht, desto stärker und gesünder ist die gesamte Herde. Die, die sich stark, gesund und gut fühlen, sind die Stützpfeiler der Herde. Sie tragen jene, denen es gerade nicht ganz so gut geht. Und je strahlender einige sind, desto mehr haben wir gemeinsam als Ganzes eine gesunde, vitale Ausstrahlung. Wir teilen alles. Das ist das, was integre Lebewesen ausmacht. Warum macht ihr das nicht auch so? Ihr könntet lebendige Verbindungen genießen..."

Ich: „Ich glaube, davon haben wir uns weit entfernt. Menschen messen sich ständig mit allen möglichen Inhalten. Vielleicht, weil sie kein gemeinsames Ziel mehr anstreben, das sie miteinander verfolgen. Wohlwollend zu sein ist anscheinend aus der Mode. Und teilen auch."

Ich halte inne. Mir wird klar, in welch große Inhalte mich Llano jedes Mal führt, wenn wir unsere Sichtweisen austauschen. Oft ist es so, dass ich mich ganz und gar öffnen kann, wenn ich bei den Pferden bin. Ich kann sein, wie ich bin. Ich brauche nichts zurückhalten und lebe so authentisch ich das schon kann. Ich zeige meine Zufriedenheit, meine Freude, aber auch meine Angst, meine Erschöpfung, meine Traurigkeit oder meinen Frust. Doch ich bleibe damit vorerst bei mir, ich tue keinem etwas damit an. Ich kann zwischen ihnen sein, und authentisch sein, so, wie ich bin. Ich trage die Verantwortung für mein Dasein und meine

Gefühle, um niemanden von ihnen damit zu belasten. Ich brauche mich dafür nicht zu verstellen. Bei ihnen brauche ich mich auch nicht zu beweisen. Mit der Zeit fließen die negativen Gefühle einfach in den Boden ab und ich werde zu einem geachteten Mitglied in der Gruppe. Dann fühle ich, was sie fühlen. Und dann handele ich nur so, wie es zu der Situation und Stimmung aller gerade passt.

Ich bringe möglichst keine Dunkelheit mit in die Herde, um sie an Einzelnen loszuwerden oder auszulassen. Nein. Ich komme und ich bin da. Ich bin einfach so, wie ich bin. Ich nehme mir Zeit, wahrzunehmen, wie ich selbst bin und was ich selbst spüre. Und das lasse ich achtungsvoll da sein. Ich versuche nicht, dort, aus diesem Gefühl, sofort ganz schnell hinaus zu kommen, wenn das Wahrgenommene mal unangenehm ist. Denn das macht es oft nur schlimmer oder verschiebt die zu entladende Intensität auf später, meist auf dann, wenn ich nicht damit rechne oder es absolut gerade nicht gebrauchen kann. Ich lasse die Emotion da sein, solange sie will. Und meine Handlungen passe ich daran an. Dann, wenn es beginnt zu fließen, verändert sich ganz von allein etwas in mir. Und nach einem Moment klärt sich die Dunkelheit in mir und es kommt wieder Licht. Dann wird es in mir und meiner Stimmung ganz automatisch heller und ich fühle mich leichter. Erleichtert. Auch die Art meiner Gedanken ändert sich dann von ganz allein. Ich muss es nur geschehen lassen.

Dann überlege ich einen Moment, woran es liegt, dass ich mich etwas verschließen muss, wenn ich zurück in die Menschenwelt gehe. Das beschäftigt mich schon sehr lange, und in letzter Zeit immer häufiger. Dort, zwischen Menschen, kann ich nicht mein Innerstes einfach nach außen kehren und mich ganz zeigen. Ich muss stets schauen, dass ich mit meiner Einstellung, meinen tiefgehenden Gedanken, meinem Fühlen, meinen starken Intensitäten, meinem Standpunkt niemandem zu nahe trete oder versehentlich jemanden verletze. Außerdem habe ich das

Gefühl, es gibt Menschen, die sich besser fühlen, wenn es mir schlechter geht als ihnen. Dann fühlen sie sich kurz erhaben und haben scheinbar den Eindruck, dass es ihnen in ihrem Lebenskontext gar nicht so schlecht geht, als sie gedacht haben. Bin ich klein, fühlen sie sich groß. Komme ich jedoch in voller Größe daher, fühlen sich einige scheinbar klein oder von minderem Wert. Manche halten die Größe eines anderen kaum aus und werden zornig. Dabei würde ich sie in die Freude, die Größe, die innere Weite gerne einfach mitnehmen, genau wie Pferde das in einer Pferdeherde tun. Ich bin bereit, das Wohlfühlen, die Entwicklung, den Fortschritt zu teilen. Dann würde ich mich auch nicht so oft allein und abgegrenzt damit fühlen. Geschenke des Lebens zu teilen, macht für mich nur Sinn, wenn ich es mit jemandem austauschen und ihn oder sie partizipieren lassen kann. Ich glaube, das Gute im Leben ist nie für uns allein bestimmt. Wie kann das nur gehen, dass wir uns gegenseitig erhellen, anstatt uns bemitleidenswert in der Dunkelheit zu suhlen?

Was ich schon stets erfolgreich mitnehme in die Welt, ist mein Lächeln. Lächle ich einem Menschen zu, dann lächeln die meisten von ihnen unmittelbar und reflexartig zurück. Es muss also noch was da sein von der Natürlichkeit, sonst würde das nicht funktionieren. Oder?"

Llano: „Ich sehe, Du kommst weiter. Das ist gut. Natürlich sind die Menschen auch noch natürlich. Aber es geht noch viel natürlicher. Wenn sie sich mit ihren Sinnen beschäftigen würden, wären sie wieder wie angenabelt an das Große Ganze, wie Du die Schöpfung nennst. Verbunden. Ihr müsst lernen, den Unterschied zwischen Schöpfung und Kreation zu erkennen. Wenn ihr euch an der Schöpfung orientiert, dann werdet ihr immer natürlicher. Orientiert ihr euch an eurer von Menschen geschaffenen Welt, diesem Konstrukt, in dem ihr lebt, dann wendet ihr euch größtenteils immer mehr ab von der Natur. Ihr werdet zu eurer selbst erdachten Kreation. Oder zu einer Kreation, die euch jemand angedacht, eingeprägt oder vorgegeben hat. Dann seid ihr wie in einer Massenhypnose. Das Konstrukt, in dem ihr lebt, ist eine Kreation. Wenn ihr euch in kollektiven Vorstellungen von der Welt bewegt, ohne euch mit ihr zu verbinden, dann seid ihr ganz gewiss ganz weit weg von einem Dasein als natürliches Individuum, das ihr so gerne sein wollt. Dann orientiert ihr euch an allgemeinen Vorstellungen, Werten, Mustern und Programmen. Ihr seid manipuliert. Ihr handelt dann, wie ihr meint, dass man handeln muss, aber immer nur als Reagierende. Würdet ihr wieder am Fluss des Lebens teilnehmen, mit euren Sinnen und Gefühlen, dann wärt ihr mündige, selbständig Agierende. Ihr würdet auf natürliche Art und Weise handeln, anstatt euch an vorgegebene Normen anzupassen, wie es von euch im Allgemeinen erwartet wird. Ich beneide euch nicht für eure geschaffene Welt."

Ich: „Und glaubst Du nicht daran, dass wir trotz der kollektiven Vorgaben Individuen sein können?"

Llano: „Doch. Die, die klar sehen unter euch, die, die euer selbst erschaffenes Konstrukt erkennen können und es zu durchschauen vermögen, die haben die freie Wahl, ob sie auf das, was vorgegeben wird, reagieren, oder ob sie auf das, was sie spüren, frei ihrem Gefühl gemäß agieren. Doch dazu braucht ihr Abstand und Distanz von dieser künstlichen Welt. Und das bedarf eines wahrlich freien Geistes. Ihr müsstet lernen, den Unterschied zwischen natürlich und künstlich wahrzunehmen. Ihr müsstet selbstehrlich sein *wollen*.

Ihr könnt tatsächlich Individuen sein, wenn ihr voll und ganz eurer Bestimmung folgt – und dabei vernetzt und offen gegenüber der Natur und ihren Gesetzen bleibt."

Ich: „Ja, genau das ist es, was ich mir von mir wünsche. Das würde ich gerne können und leben. Deshalb bin ich ins Abseits an den Waldrand gezogen. Es ist wie ein kalter Entzug von der Welt. Ich schaue so wenig Nachrichten wie möglich, lese keine Zeitung, verlasse mich wieder viel mehr auf mein Gefühl. Ich verbringe mehr Zeit ohne eine Weisung von jemandem und gehe täglich in die Natur hinaus."

Llano: „Das ist der Weg, um sich zu spüren, wie man unbeeinflusst ist. Das macht unabhängig und klar. Das ist eine gute Ausgangsposition, wenn es Dir gelingt."

Ich: „Genau. Nur unbeeinflusst kann ich spüren, was ich wirklich will. Nur unbeeinflusst kann ich mir selbst auf den Grund gehen und herausfinden, wer ich fern von Massenkonsum und Medienbeschallung im Grunde meines Herzens bin."

Llano: „Das ist ein sehr natürlicher Weg, aber gewiss schwer umzusetzen. Hast Du schon etwas mehr über Dich herausgefunden?"

Ich: „Ja, ich denke, das habe ich. Jedoch stehe ich noch am Anfang. Und manchmal ist es schwer, auf sich selbst zurückgeworfen zu sein. Ich habe schon sehr erfolgreich bemerkt, dass es mir viel besser geht ohne tägliche

Horrormeldungen. In den Nachrichten wird die Verrohung unserer Gesellschaft deutlich sichtbar. Es wird viel Schlechtes und Katastrophales von der Welt berichtet und auch in Bildern gezeigt und viel weniger Gutes. Auf das Schlechte, wie Kampf, Zerstörung, Kriege, habe ich sowieso keinen direkten Einfluss. Ich habe die Bilder die gezeigt werden, oft tagelang in meinem Kopf und kann nicht wirklich etwas dagegen tun. Ich fühlte mich früher oft klein, schockiert und ohnmächtig, wenn ich mir das mit meinem so offenen Herzen angeschaut habe. Irgendwie bin ich dann dunkler, als ich sein müsste. Mittlerweile habe ich gelernt, dass es für mich zumindest aktuell ausreicht, wenn ich mitbekomme, wie es in meinem direkt beeinflussbaren Umfeld läuft. Ist jemand in Not, kann ich helfen. Braucht jemand eine Schulter, kann ich ihm für einen Moment meine anbieten, und wenn jemand sich an etwas erfreut, kann ich mich mit ihm freuen und auf diese Weise die Freude vergrößern. Wenn jeder in seinem Umfeld mithelfen würde, alles zum Positiven zu lenken, dann wäre die Welt überall sofort etwas heller und heiler. Wegen der großen Dinge, die von Politik und Wirtschaft beeinflusst werden, würde ich mich nur kräftemäßig erschöpfen, mich hemmen und lähmen lassen. Wenn wir Menschen wahrhaftig etwas zum Besseren bewegen und ändern wollen würden, könnten wir es nur alle gemeinsam bewerkstelligen. Doch dafür müssten wir nicht nur mit dem Verstand, sondern auch emotional vernetzt sein. Und wir müssten grundsätzlich dieselbe Absicht verfolgen. Doch so lange die Menschen nicht einmal bereit sind, ihrem Nachbarn selbstlos und ohne Neid zu helfen, sehe ich schwarz. Wir müssten im Kleinen anfangen, wenn wir etwas Großes bewegen wollen würden. Jeder, dem das möglich ist, müsste mithelfen. Immer und überall, wo es ihm möglich ist. Wir könnten uns viel mehr zusammentun und einander die schweren Dinge abnehmen."

Llano: „Ja, das ist der Weg. Warum ist das für Euch Menschen so schwierig? Die Natur macht es euch doch vor. WIR machen es euch doch vor. Ihr könntet uns als Beispiel nehmen und von uns lernen. Doch stattdessen meint ihr, ihr müsstet uns lehren. Doch wir wissen alles, was wichtig ist. Ihr lehrt uns Pferde oft allerhand, was für unser Existieren, für unsere Entwicklung und für unseren Fortbestand in der Welt nicht von Bedeutung ist. Und ihr seid frustriert, wenn wir darin nicht voll aufgehen. Einige von uns gehen in dem auf, was ihr uns lehrt, aber auch nur, weil wir keine Gelegenheit und keine Chance bekommen, unser wahrhaftiges Leben in der Natur zu führen. So fügen wir uns ein in die Nische, die ihr uns zur Verfügung stellt oder eben übrig lasst. Einigen Pferden ist das eine willkommene Alternative und schützt sie gewissermaßen vor Depression. Für andere erscheint das unverständlich und perspektivlos, ihr Leben so zu führen – angereichert mit Aufgaben, die ihr uns gegeben habt, damit wir beschäftigt sind.

An der Stelle wird schon wieder klar, dass ihr in eure Massengedanken und Vorgaben verstrickt seid. Denn auch das bringt ihr mit in die Pferdeställe. Nur, weil ihr diejenigen seid, die für ihren Lebensunterhalt arbeiten, manchmal kämpfen müssen, meint ihr, wir müssten das auch tun. Ihr steckt in Aufgaben, in Arbeit fest, von der ihr glaubt, ihr müsstet sie tun, um eure Existenzberechtigung zu erhalten. Ihr wartet auf das, was ihr Geld nennt, auf Lob, auf Anerkennung, auf Respekt, auf Bestätigung. Ihr habt euch bereit erklärt, euer Leben lang Aufgaben für ein gesellschaftliches Konstrukt zu erledigen, das am Ende Erfolg versprechen soll. Nicht, weil ihr Freude daran habt, sondern, weil ihr es offensichtlich müsst, wenn ihr in eurem selbst geschaffenen Korsett bleiben und mitmachen wollt. Das ist ein Geschäft. Verabredetes Geben und Nehmen. Ohne echte Gefühle und oft ohne Herzblut. Ihr macht Dinge, die mit eurem echten Leben überhaupt nichts zu tun haben. Und bekommt dafür das, was ihr Geld nennt. Geld ersetzt für Euch scheinbar die Liebe, die Anerkennung, den Respekt, die Existenzberechtigung. Und wenn ihr diese Aspekte der gegenseitigen Wertschätzung auf eurer Arbeit dann oben drauf bekommt, dann glaubt ihr auch noch, dass ihr es ganz besonders gut getroffen habt. Doch das ist nichts obendrauf. Das alles sind Dinge, die selbstverständlich sein sollten, natürlich. Das sind keine extra Bonusse, das sind grundsätzliche, lebensfreundliche, gegenseitige Bedingungen. Naturgesetze.

Wir dagegen müssten unserer Natur gemäß uns für Futter einfach nur vorwärts bewegen und dort fressen, wo es gerade etwas gibt. Zum Schlafen brauchen wir keinen Stall, wenn wir alle dort leben würden, wo wir genetisch herkommen, hingehören und uns demzufolge am besten und am gesündesten entfalten würden. Darüber hinaus leben wir in langsam und stetig gewachsenen Familiengruppen, sind miteinander, beieinander und füreinander da. Nur die Natur diktiert uns, wann wir für Futter und Wasser weiterziehen müssen, wann Ruhezeiten sind, und wann unsere Stuten und damit auch die Hengste in hormonellen Hochs stecken, um unsere Art zu erhalten. Sind die Jahre mager, nehmen die Stuten nicht auf und werden nicht tragend, und haben wir ein gutes Jahr mit viel Futter, Ruhe und wenig Strapazen, bekommen viele unserer

Stuten Fohlen. Dann ist es ein leichtes, unsere Nachkommen großzuziehen.

Bei euch Menschen müssen die von uns, die ihr Zuchtstuten nennt, sogar Fohlen bekommen, damit ihr diese gegen Geld tauschen könnt. Das ist nicht nur unnatürlich, sondern oft auch unwürdig und von den Abläufen der Natur getrennt. Wachstum um jeden Preis. Die Stuten verdienen euer Geld – nicht ihr."

Ich muss tief durchatmen und in mich gehen. Recht hat er. Mit jedem Ausspruch beweist mir Llano, wie paradox es aus der Sicht eines Pferdes aussehen muss, wie wir Menschen uns und unsere Leben konstruiert und uns auf dem Planeten eingerichtet und breit gemacht haben. Es ist paradox, nicht mehr ausschließlich Waren miteinander zu tauschen, die dem Menschenleben im eigentlichen Sinne dienlich und nützlich sind. Wir tauschen Waren, die im natürlichen Sinne niemand braucht, gegen unser verdientes Geld, das aus unnatürlicher Beschäftigung stammt. Wir versuchen, aus Geld mehr Geld zu machen, wir lassen soziale Dienste bezahlen, anstatt einander wie selbstverständlich zu helfen und uns zu unterstützen. Darüber hinaus müssen wir für wohnen bezahlen, für Wasser, für die Teilnahme an Treffen, bei denen neue, zeitgemäße Erkenntnisse ausgetauscht werden. Forscher müssen ihre subventionierte Arbeit einstellen, wenn ihre Forschung Resultate hervorbringt, die aus der Sicht der Wirtschaft nicht profitversprechend genug sind und die Erkenntnisse der Forschung die Menschen eher vom Geldverbrauchen abhalten könnten, anstatt sie in den Konsum zu verführen. Lieber werden wir Menschen langzeitbeschäftigt in den uns mürbe mahlenden Mühlen gelassen, und in eine aufopferungsvolle, konsumierender Haltung gedrängt, die uns früher oder später abhängig, leer und müde macht.

Mir wird klar, wie sehr wir uns versklavt haben. Und das scheinbar freiwillig. Wir sind in dem Glauben gefangen, dass das Leben das ist, was die Zivilisation uns vorgaukelt. Mehr und mehr erkenne ich den Unterschied zwischen geschaffenem Konstrukt und natürlichem Leben im Kontext mit allem, was ist.

Ganz besonders fällt mir in letzter Zeit auf, dass, je natürlicher eine Arbeit ist, zum Beispiel soziale Arbeit, mit Hinwendung und Hingabe zu Säuglingen, Kindern, Bedürftigen und Alten, die Arbeit rund um das Erwachen und die Bewusstwerdung sowie Heilarbeit, deutlich schlechter bezahlt wird, als Arbeiten, die dem Massenkonsum dienen und damit die Bevölkerung beschäftigen und vom Aufwachen und Reifen abhalten. Und die Krone wird dadurch aufgesetzt, dass Chefs einzelner Konzerne, die ganz bewusst Regionen der Erde zerstören, den größten Umsatz und das meiste Geld auf den Konten haben.

Oft sind es gerade sie, die die Erde ausbeuten, rauben, Ureinwohner aus ihren Regionen treiben, ihnen ihre Wald- und Lebensgebiete und ihre Ernährungsgrundlagengebiete einfach abholzen oder diese Menschen nichtsahnend ohne Schutzkleidung in Bergwerke schicken, um sie für sich und ihr Produkt hart arbeiten zu lassen. Mit hochgiftigen Hilfsmitteln wie Quecksilber lösen sie Metalle aus dem Boden oder fördern vielleicht sogar giftige Bodenschätze für industrielle Wirtschaft, Handys, Laptops und Co. Die, die am wenigsten Geld für diese Arbeiten bekommen, werden am ehesten krank, sterben und hinterlassen ihre Familien. Sie werden dann ausgetauscht oder einfach ersetzt. Obwohl alles auf diese Menschen aufbaut, mit denen die Industrieländer dann ihren Reibach machen und die Zahlenkombination auf ihren Konten optimieren und sie in die Höhe treiben, bekommen diejenigen, die sich aufopfern, am wenigsten Anerkennung und Unterstützung, um ihr Leben würdig zu erhalten. Mit dem einbehaltenen Geld können Chefs großer

Firmen investieren und machen aus viel Geld noch mehr Geld. Verluste? Die sind großzügig einkalkuliert und stellen kein großes Risiko dar, wenn man genug von dem „Rohstoff Geld" hat und immer noch ärmere Menschen zum Ausbeuten da sind. Doch wer dagegen kaum etwas hat, um damit sich und seine Familie zu versorgen, der kann auch nicht mutig spekulieren. Diese Menschen können sich auch keine Risiken mit ihrem schwer verdienten Geld leisten, sie können nicht gewissenlos damit herumspielen. Um bei all dem Anblick dieser schamlosen und menschenverachtenden Ausbeutung nicht wütend zu werden, bedarf es ein hohes Maß an Zurückhaltung und Selbstkontrolle. Ich verstehe jede und jeden, der frustriert ist, deprimiert, wütend oder einfach eines Tages depressiv wird oder überschnappt.

Doch das alles sind Folgen der einen Seite der Medaille. Würde es diese Menschen nicht geben, und hätten wir mehr Sinn für soziale Gerechtigkeit und Gemeinschaft, würden wahrscheinlich viel weniger Menschen achtlos sein, übergriffig, krank oder überschnappen und zu Gewalt neigen. Die soziale Gewalt würde sich zwar erst legen, wenn alle in ein Konzept vertrauen würden, in dem Leben nicht mehr auf Konsum, Angst und Ungerechtigkeit aufbaut, aber in wenigen Generationen wäre ein Wandel schaffbar. Jedenfalls, wenn wir es wollen würden.

Llano: „Was hindert euch daran, das gemeinsam zu *wollen*?"

Ich: „Von welchem Wollen sprichst Du?"

Llano: „Das, was Dir gerade vorschwebte. Was hindert euch Menschen daran, natürliche Menschen sein zu wollen? Die friedlich miteinander leben und einander helfen?"

Ich: „Das ist eine Antwort, zu der ich Jahre brauchen werde, um sie vollständig zu beantworten. Es werden sicher viele Menschen von ganz unterschiedlichen Motiven bewegt. Ich glaube, ich kann die nicht alle über einen Kamm scheren. Und begreifen kann ich die Motive auch nicht alle."

15.08.2019 - Die Liebe als Bindeglied

Llano: „Du siehst das Offensichtliche nicht. Es ist ganz einfach."

Ich: „Wenn es ganz einfach ist, dann müsste es etwas sein, das für alle Menschen gleich stark zur Verfügung steht oder vorhanden ist. Es müsste etwas sein, was die beiden Welten, die von Menschen geschaffene Welt und die natürliche Welt voneinander unterscheidet."

Llano: „...weiter..."

Ich: „Liebe. Es müsste um Liebe gehen. Aber die Menschen glauben, sie können keine vollkommene Liebe haben. Mittlerweile glauben sie, auch dafür müsse man bezahlen oder in irgendeiner Weise bluten und sich aufopfern."

Llano: „Und was bedeutet das konkret?"

Ich: „Ich glaube, immer, wenn die Menschen um eine gemeinsame Absicht als Basis verhandeln würden, wie zum

Beispiel die Einigung auf bedingungslose Liebe und Nächstenliebe untereinander, dann glauben sie, sie verlieren etwas. Sie bekommen Angst. Und sie wollen ihren erschaffenen Lebensstandard erhalten und ihn verteidigen.

Wenn sie sich für Liebe öffnen, dann werden sie bewusster. Und wenn sie bewusster werden, dann wird eindeutig und unwiderruflich klar, dass bestimmte Dinge auf unserem Planeten sofort und ohne Verzug einzustellen sind, weil es einzelnen oder der Mehrheit, der gesamten Menschheit, der Natur oder dem gesamten Planeten schadet.

Was wäre, wenn die Menschen von heute auf morgen auf dem gesamten Planeten keine so unnatürlichen Errungenschaften wie weiteres Plastik produzieren dürften? Was wäre, wenn wir der Erde eine Ruhephase gönnen und sofort aufhören würden, Bodenschätze zu fördern und Wälder abzuholzen? Was wäre, wenn sie von heute auf morgen keine neuen Handys, Laptops, Computerspiele und alles weitere herstellen dürften, weil nicht nur die Produktion dem Planeten und den Lebewesen schadet, sondern vor allem auch die Entsorgung? Was wäre, wenn sie sofort aufhören müssten, Öl zu fördern? Wenn sie aufhören, auf den Mond zu fliegen, oder aufhören, Autos zu fahren? Sie bekämen Angst und würden sich Sorgen machen, sich in die Steinzeit zurückgebombt fühlen.

Sie wüssten nicht mehr, wie es geht, natürlich zu leben. Sie hätten Angst, diesen Schritt nicht zu überleben. Gerade die, die sich auf den arbeitenden Schultern der anderen ausruhen, wüssten gar nicht, wie das Leben funktioniert. Sie haben so viele Erfahrungen gemacht, wie Menschen miteinander intrigant umgehen, dass sie wohl kaum einem armen Schlucker an der

Straße vertrauen würden. Die Angst der einen und die Wut der anderen sind so groß geworden, dass sie wahrscheinlich alle durch ein reinigendes, energetisches Bewusstseinsfeuer gehen müssten, um sich zu klären. Am Ende müssten dann alle gleich sein. Sie müssten alle unter gleichen Bedingungen leben und erneut lernen, einander zu helfen. Ich weiß nicht, ob es das jemals gab. Angst, Gier, Habsucht und Macht begleitet den Menschen schon von Anfang an. Das, was wir suchen, gibt es wahrscheinlich auf der Erde nicht vollständig. Es klingt eher wie die Vorstellung vom Garten Eden, in dem alle Lebewesen freundschaftlich vereint in der Quelle des Großen Ganzen leben."

Ich bin überwältigt von diesem tiefen Gedankenaustausch mit meinem Pferd. Ich muss mich einen Moment sammeln, doch Llano schaut mich eindringlich an, als solle ich jetzt meinen roten Faden nicht verlieren. Mit herausforderndem, bohrendem Blick nickt er sanft, stöhnt, und geht einen Schritt vorwärts. Für mich bedeutet das, auch einen Schritt vorwärts zu denken, um aus dieser dunklen Gedankenspirale schnellstmöglich auszusteigen. Also lasse ich mich auf ihn ein und sinniere weiter. Llano hat mich über die Jahre gelehrt, solch tiefe Vorgänge bis zu Ende zu denken. Dann kann ich zum Schluss zufrieden und gereift aus dem Thema aussteigen und es auf gedanklicher Ebene abschließen.

Ich: „Vielleicht wollen wir alle nur nach Hause, hinter das Leben. Das gesamte Leben ist vielleicht so etwas wie ein Tunnel, durch den wir hindurch müssen. Vor dem Leben ist das Licht der Quelle, hinter dem Leben auch. Beim Eintritt vergessen wir unser Wissen darum. Damit vergessen wir unsere bedeutendste Gabe und leben im Hier und Jetzt, das wir uns geschaffen haben, immer in Abhängigkeit davon, wo, wann, von wem und wie wir geboren wurden."

Llano: „Die Natur macht nur Dinge, die Sinn haben. Wo würde der Sinn darin liegen, so zu leben, wie ihr Menschen es gerade tut."

Ich: „DU glaubst, dass wir Menschen sinnvoll sind? Ich staune!"

Llano: „Du hast jetzt keine Zeit für Überheblichkeit und Witze, Du bist ganz nah dran!"

Ich: „Wenn ich sarkastisch werde und Witze mache, bin ich meistens überfordert. Bitte hilf mir auf die Sprünge."

15.08.2019 - Den Horizont erweitern

Llano: „Nimm uns Pferde zum Beispiel. An uns hast Du es schon einmal verstanden. Bei euch Menschen ist es nicht anders. Ihr habt euch nur schon weiter von der Quelle entfernt."

Ich: „Dann fasse ich das eine oder andere noch einmal zusammen und Du bremst mich, wenn ich auf Abwege komme.

Für mich scheint es so zu sein: Ihr Pferde erscheint uns zwar als ganz viele unterschiedliche Einzelwesen, aber im Kern eurer selbst seid ihr ein und dasselbe Wesen. Die Seele des Pferdes fließt durch alle Pferde. Es ist ein und dieselbe Seele. Jeder trägt einen Funken dieser Seele ganz tief in sich. Wenn wir einem Pferd begegnen, begegnen wir also einem Seelenteil von euch. Aber ihr seid miteinander verbunden und verstrickt, weil ihr im Grunde das Wesen des Pferdes insgesamt seid. Nur kollektiv seid ihr in dieser Betrachtungsweise ein Ganzes. Deshalb seid ihr auch so gut miteinander vernetzt. Bei euch gibt es nicht diese Art Verstand, der sich zwischen Wissen und Weisheit stellt.

Bei uns Menschen könnte es genauso sein. Vielleicht ist es so, dass die große Seele durch uns alle fließt. Von uns trägt vielleicht auch jeder einen Funken in sich. Wir erscheinen zwar auch als viele Einzelwesen, aber nur zusammen sind wir ein Ganzes. Wenn wir uns dafür öffnen könnten, dann wäre es das Wesen des Menschen, der gut und wohlwollend auf der Erde sein möchte. Weil wir das aber anscheinend vergessen haben, glauben wir, jeder von uns müsste ein Stückchen Kontrolle bewahren und sich und sein Leben absichern. Jeder glaubt, er müsse sich selbst schützen und für sich selbst sorgen. Nur weil uns andere Menschen dann als Gegenüber anscheinend im Außen begegnen, glauben wir nicht mehr daran, dass wir auch dieses Wesen sind, jedenfalls als ein Teil der Quelle, die durch uns fließt. Wir machen einander sogar zum Feind und konkurrieren untereinander. Wir wollen besser sein als unser Nächster, wollen mehr Anerkennung, stets eine höhere Leistung erzielen, besser wohnen und essen, als unser Nächster. Wir haben fast Spaß daran, uns zu übervorteilen.

Wir müssten also die Feindschaft niederlegen und uns einigen, also miteinander als ein Großes Ganzes vereinigen. Wenn wir Angst und Feindschaft niederlegen könnten, wäre der Weg frei für die durch uns alle fließende Liebe. Dann wäre uns allen auf einmal ganz klar, was zu tun wäre. Da wir das aber nicht tun, weil wir das anscheinend nicht können oder wollen, und es in unserer Natur liegt, zu konkurrieren und besser zu sein als unser Nächster, wird es kaum möglich sein, Angst und Feindschaft niederzulegen.

Es muss also einen Sinn darin geben, dass wir glauben, unterschiedlich zu sein. Eine Idee wäre, dass wir auf die Erde kommen, um ganz viele unterschiedliche Erfahrungen aus unterschiedlichen Perspektiven und Betrachtungswinkeln in kürzester Zeit machen zu können. All diese Erfahrungen können eingehen in die große Seele des Menschseins, oder in unser Bewusstsein, und unsere gemeinsame Seele bereichern. Aus Wissen und Erfahrung wird Weisheit. Vielleicht sind wir so konstruiert, damit wir in einer schnellen Geschwindigkeit zur selben Zeit sehr viele Erfahrungen machen können. Dann muss nicht jeder einzelne alle Erfahrungen machen, sondern jeder macht welche, und sie werden im großen Ganzen zusammengetragen. Alles, damit die große Seele reifen kann. Das würde einen Sinn ergeben, ist aber fast zu philosophisch um wahr zu sein."

Llano hebt den Kopf und schaut in die Ferne. In meinem inneren Ohr vernehme ich nichts von ihm, nur zufriedene Leere. Absolute Stille. Ganz gemächlich reckt und streckt er sich und geht wie nach einer Verbeugung schweigend und in sich gekehrt hinaus. Nach ein paar

Schritten schaut er sich zu mir um. Ich hocke immer noch da und schaue nun auch in die Ferne. An ihm vorbei. Ich sehe Molly grasen, das grüne Gras sprießt nach dem sanften Regen und ich bemerke ganz nebenbei, wie ich mit offenen Augen in eine ungewohnte Weite schaue.

Ich sehe das Naturschutzgebiet hinter der Weide, den Himmel. Kraniche rufen laut und setzen zum Landeanflug an der Oste an. Mir wird bewusst, wie weit nicht nur meine Gedanken gerade waren, sondern wie weit mein Blick nun auch schweifen kann. Warum schaue ich manchmal so unweit und eng aus meinen Augen? Die Weite ist so viel offener und friedlicher, als ich es manchmal mitbekomme. Weite. Darum scheint es zu gehen. Wir Menschen sollten uns dem Horizont öfter öffnen und ihn in uns erweitern. Wir sollten viel öfter betrachten, was für uns nicht sichtbar ist, wenn wir unseren Blick verengen oder uns fokussieren. Weite macht uns frei. Sie macht mich in diesem Moment ruhig, gelassen, friedlich und zufrieden. Erschöpft von der vielen Denkerei gehe ich dankbar und erfüllt langsam nach Hause. Ich versuche, mir diesen weiten Blick zu bewahren. Ich möchte mich morgen gleich nach dem Aufstehen wieder daran erinnern. Eine unbeschreibliche Ruhe kehrt ein. Ich bin im Frieden.

In den kommenden Tagen versuche ich, diesen neuen Frieden zu bewahren. Wie gerne möchte ich dieses Gefühl in mir konservieren und es für immer kultivieren! Ich bin zu Hause, verbringe viel Zeit mit meinem Hund Mojo in der Natur, pflege liebevoll meinen Garten. Immerwährend versuche ich, diesen weiten Blick zu behalten. Erst nach ein paar Tagen traue ich mich damit hinaus in die gesellschaftliche Welt. Egal wo ich bin, beim Einkaufen, in der Warteschlange beim Bäcker, während des Haltens mit dem Auto an der Ampel, versuche ich meinen Blick weit werden zu lassen. Es ist erstaunlich, wie unterschiedlich sich der Körper anfühlt, wenn wir einen weiten Blick haben. Wir scheinen uns regelrecht zu öffnen.

Manchmal sehe ich etwas zwischen Menschen, was mir nicht sehr gut tut. Dann versuchen meine Augen, den Blick ganz schnell zu verschließen. Ich versuche, mich zu zwingen weiter offen zu bleiben. Und darüber hinweg oder darüber hinaus zu schauen, was ich sehe und was mir nicht gefällt.

Mir fällt auf, dass mich dieses Experiment sehr einnimmt. Egal wo ich bin, im Schwimmbad, im Eiscafé, bei meiner Arbeit, lasse ich meinen Blick weit werden und erlebe, wie mein Geist sich weitet. Ich erlebe mit, wie ich ganz neue Ideen habe und in welch hochwertiger Form neue Gedanken in mir aufkommen. Ich werde flexibler, ich fühle mich kreativer, und ich habe überhaupt nicht das Bedürfnis, irgendetwas zu kontrollieren. Ich verstehe, dass Kontrolle immer in der Enge stattfindet. Und Enge ist nichts anderes als Angst. Das wird mir bei meinem Experiment sonnenklar. Je mehr ich etwas kontrollieren will, je mehr ich mich fokussiere, je mehr ich nicht bereit bin von einem Plan abzuweichen, umso starrer und enger erscheint mir mein eigener Blick. Ich enge mich selbst ein. Öffne ich mich für die Welt, für die Eindrücke, für neue Möglichkeiten, kann ich das nur tun, wenn ich dabei einen weit geöffneten Blick habe. In manchen Momenten scheinen mir Tränen in die Augen zu steigen, weil ich versuche, nicht nur bis zu dem Horizont zu schauen, den ich sehen kann, sondern darüber hinaus. Mein Blick ruht sanft am Horizont und ich überlege, was wohl dahinter ist, auf der anderen Seite der Erde, in einem Land, das ich nicht kenne. Diese Tage tun mir gut. Sie bringen mir sehr viel Frieden, Ruhe und inneren Freiraum. Das ist vielleicht wieder etwas, was Llano mich lehren wollte. Als gute Schülerin meines geliebten, weisen Pferdes, gehe ich nicht sofort wieder zu ihm, um ihm von meinen Erkenntnissen zu berichten, sondern widme mich intensiv meinen Hausaufgaben. Dazu gehört, dass ich mich wieder und wieder daran erinnere, dass ich einen weiten Blick haben wollte. Ich möchte diesen Blick üben, pflegen und etablieren. Im Alltag verblasst die Übung ganz schnell und man ist wieder beim alten Blick. Die Gewohnheit holt uns immer wieder ein. Wie eng wir doch sind! Ich übe also den weiten Blick über mehrere Tage, ja sogar Wochen, bevor ich wieder mit Llano in diese Art tiefes Gespräch gehe.

Natürlich treffe und besuche ich Llano und Molly jeden Tag, aber Gespräche finden in der Zeit nicht statt. Llano ist sehr streng mit mir. Er kommuniziert nur auf diese Art und Weise mit mir, wenn er spürt, dass ich wieder so weit bin und die vergangene Lektion bearbeitet und möglichst gut verkraftet habe. Er hat ein hervorragendes Gefühl dafür, wann der Lebensunterricht weiter gehen kann. Er weiß schon, dass es mir nicht gut tut, mich weiter mit Weisheit und Aufgaben zu füllen, wenn das Herz noch zu beschäftigt ist. Ich muss erst wieder leer werden, nachdem ich mich mit Aufgaben und Inhalten, Verständnis und Unverständnis angefüllt habe.

Solange ich noch etwas zu verarbeiten habe, bleibt es still zwischen uns. Oft kommt er mir vor, wie ein alter chinesischer Meister, ein Medizinmann und Lehrer, der eine Frage in den Raum stellt, und daraufhin ohne weitere Kommunikation seine Schüler für Wochen in Ruhe lässt, damit sie ganz allein die Antwort finden. Wenn sie ihren alten Meister in der Zeit fragen, in der sie noch nicht so weit sind, und noch keine Antwort für ihn parat haben, würde er sowieso nur milde lächeln oder einen metaphorischen Satz aussprechen. Genauso ist Llano. Bevor ich nicht so weit bin, brauche ich ihn also in dieser Sache nicht weiter anzusprechen. Das habe ich in den letzten achtzehn Jahren gelernt. Llano ist ein Freund der praktischen Umsetzung. Wir gehen also viel spazieren, manchmal darf ich ihn reiten, und oft sitze ich einfach nur bei ihm oder pflege ihn, sein Fell und seine harten, gesunden Hufe. Oder er schaut zu, wie ich Sweet Molly im Reiten unterrichte und ihr zeige, was Menschen meistens von Pferden wollen. Es liegt mir am Herzen, dass sie die Bedürfnisse der Menschen verstehen und ihre Körpersprache lesen kann. Sonst gäbe es mit Menschen so leicht Missverständnisse. Und in Missverständnissen zieht so gut wie immer das Pferd den Kürzeren. Ich bereite sie daher möglichst gewissenhaft auf das Leben mit Menschen vor. Wofür eigentlich? Die Frage stelle ich mir in letzter Zeit öfter, obwohl ich keinen Anlass dazu sehe. Ich scheine Molly für das Leben mit anderen vorzubereiten. Aber wieso? Ich habe sie doch zu mir genommen, um sie vor der Welt zu schützen. Ich dachte, sie würde ihr gesamtes Leben lang meins begleiten? Und wir beide verstehen uns mit jeder Zelle, also wozu bilde ich sie so gewissenhaft für andere aus?

Ich sitze in der Küche und denke über dieses Paradoxon nach. Da meldet sich Llano in meinem Geiste: „Weil sie nicht Deine ist", ist das einzige, was er sagt. Ich erschrecke und es zeigt sich eine Erkenntnis, die meinem Verstand bisher noch fern war, mein Herz aber schon weiß. Aber zu wem gehört sie dann?

25.08.2019 – Das Gespür für Abschied

In den letzten Wochen verbrachte ich mit den Pferden so viel erfüllte Zeit. Und doch wird mir bei jedem Besuch bei ihnen klar, dass Abschied ansteht. In welcher Form, wieso und warum, versteht mein kleiner Verstand, auf den ich mich für gewöhnlich so absolut verlassen kann, nicht. Aber mein Herz nimmt es ganz deutlich wahr, wenn ich in der Nähe der Pferde bin. Sowie ich mich Llano nähere, steht wieder dieser Satz im Raum: „Bist Du bald soweit?". Und in Sweet Mollys Nähe taucht der Satz in mir auf: „Und was ist dann mit mir?". Ich verstehe die Welt nicht mehr. Wir haben doch alles, wirklich alles, was man zum Glücklichsein braucht. Wieso diese Fragen? Ich versuche mich mit dem Gedanken anzufreunden, dass Llano bald geht. Ich spüre es in jeder Zelle. Und doch scheint es absurd zu sein. Er ist vitaler, gesünder, mutiger und vollkommener denn je! Und Molly? Ich dachte, wir würden zusammen alt werden, hier, am Waldrand, in der Natur. Da meldet sich Llano in gewohnter, fast grausamer Deutlichkeit.

> Llano: „Du verstehst uns falsch. Willst oder kannst Du es nicht besser?"

Der Satz geht durch all meine Barrieren und verunsichert mich. Ich fühle mich ertappt, unvermögend und klein, wenn er so klar mit mir umgeht. Er ist wohl der einzige, der es sich herausnimmt, erbarmungslos ehrlich und direkt mit mir zu sein. Und er ist der einzige, von dem ich bereit bin, es mir gefallen zu lassen und es – etwas widerwillig – zu akzeptieren.

> Ich: „Ich würde sicher wollen, wenn ich könnte."

Llano: „Du versteckst Dich schon wieder. Hör endlich damit auf so zu tun, als wüsstest Du nicht, was ich meine."

Ich: „Ich habe solche Angst davor, dass Du stirbst, dass ich mich verschließe."

Llano: „Und was wäre so schlimm daran, wenn ich sterben würde?"

Ich: „Ich möchte Dir und mir und Molly gerne Leid ersparen."

Llano: „Von was für einem Leid redest Du?"

Ich: „Vom Tod."

Llano: „Bedeutet der Tod denn Leid für Dich?"

Ich: „Für Dich vielleicht nicht. Wenn ich meiner Wahrnehmung trauen kann, dann ist der Tod nichts Schlimmes. Ganz im Gegenteil. Dann hast Du das Leben auf der Erde erfolgreich gemeistert und kannst in das Licht der Quelle eintauchen."

Llano: „Wovor hast Du dann Angst? Nur die Angst führt dazu, dass ihr Menschen euch verschließt."

Ich: „Vor Deinem Sterben. Und vor meinem Zurückbleiben."

Llano: „Ich weiß, dass Du schon mal zurückgelassen wurdest. Und ich weiß auch, dass Du das erfolgreich gemeistert hast, sonst wären wir jetzt nicht hier.

Das Sterben unterstützt nur die Fähigkeit des Loslassens. Wer alles in seinem Leben geklärt hat, der kann einfach auf die andere Seite hinübergehen. Es seid eher ihr Menschen, die Gründe brauchen. Gründe, um hinüber zu gehen. Ihr braucht etwas, vor dem ihr euch noch viel mehr fürchtet, als vor dem Tod. Deshalb wählt ihr oft auf grauenhafte Weise zu sterben. Ihr müsst dann zudem noch alles auswerten, vor dem ihr euch zu Lebzeiten gedrückt habt. Dann, wenn es euch ganz schlimm trifft, seid ihr oft erst in der Lage, euch zu öffnen und loszulassen. Es könnte auch für euch leichter sein, hinüber zu gehen, aber das lässt euer Verstand nicht zu. Abgesehen davon werde ich gar nicht sterben. Noch nicht. Und auch nicht bei Dir."

Ich: „Llano. Aber Du bist doch mein Pferd. Wo solltest Du sonst sterben, wenn nicht bei mir und von mir begleitet. Ich habe es Dir doch versprochen, Dich bis ans Ende zu begleiten!"

Llano: "WIR sind am Ende. Am Ende unserer gemeinsamen Zeit. Es wartet noch jemand auf mich, der mich für seine Entwicklung braucht. Du hast alles von mir bekommen, was ich Dir geben konnte. Du bist aufgestanden, im Sinne Deiner Entwicklung und Deines Bewusstseins. Es gibt nichts mehr, was ich Dir geben könnte. Ab jetzt halten wir hier Dich nur noch davon ab, in die Welt zu gehen. DU bist es, die los muss!"

Ich: „Los?! Wohin? Ich habe doch alles."

Llano: „Es ist nicht die Schöpfungsidee für Dich, das alles zu erhalten und es dann für Dich zu behalten. Du musst nun raus in die Welt und alles, was ich Dich gelehrt habe, mit Menschen teilen, die sich auf den Weg machen wollen in ein erfüllteres und glücklicheres, in ein friedlicheres Leben. Du hast von uns Pferden das Rüstzeug dafür erhalten. Und nun geh los!"

Ich: „Und was ist mit euch?"

Llano: „Frag Dein Herz. Das weiß es längst. Schiebe die dunklen Wolken Deines Verstandes zur Seite und horche auf das, was es Dir zu sagen hat. Und dann handle. Handle konsequent danach. Das ist wie eine Prüfung. Wenn Du die bestehst, wartet Dein neues Leben auf Dich."

Erschrocken und gleichzeitig wissend halte ich inne. In mir fließen in Sekundenschnelle die wichtigsten Informationen zusammen: Auf Llano wartet jemand, Llano muss nicht sterben, Molly ist nicht „meine" und jemand braucht genau den Llano, der jetzt mit und bei mir fertig ist. Selbstehrlich und schmerzlich wird mir klar, dass Llano zwar schon zu den alten Pferden gehört, aber auch zu den weisen. Llano ist das weiseste Pferd, das ich jemals getroffen habe. Und ich habe in den vergangenen Jahren viele Pferde getroffen. Sehr viele. Molly wurde von mir in den letzten drei Jahren zu einer hervorragenden Menschenversteherin ausgebildet und wird immer öfter sehr deutlich rossig. Sie möchte sich als Pferdefrau erleben, ganz und gar. Und sie ist menschenkompatibel, also bereit und fit für die Welt, vor der ich sie einst schützen wollte. Also hocke ich mich am Rande der Pferdeweide an den Fluss.

Die Oste erinnert mich daran, dass nichts, was wahr ist, aufzuhalten ist. Das klare Wasser fließt einfach weiter, ob nun Steine im Weg liegen, oder ob nicht. Ich fühle mich, als wäre ich einer dieser großen Steine, die dort im Wasser liegen und versuchen, das Wasser aufzuhalten. Doch das Wasser schmiegt sich einfach am Rand der großen Steine entlang, ohne dass einer von beiden Schaden nimmt.

Ich öffne mein Herz und versuche, Llanos direkte Weise zu verstehen und mit Inhalt zu füllen. Ich scheine mich für die Zukunft öffnen zu müssen. Ich bemerke, wie ich in den vergangenen Monaten versucht habe, unser perfektes Jetzt zu konservieren. Und nun merke ich, dass das eine Zeit lang gut war, aber nun muss es weiter gehen. Das Leben, auch mein Leben gehört nicht „festgehalten und konserviert", es gehört wieder in fluss. Da wird mir klar, dass ich nicht der Stein bin, der dort im Fluss liegt, sondern das Wasser. Ich stimme mich auf den friedlichen, ja fast freudvollen Fluss des Wassers ein und begreife, es geht um den Fluss des Lebens. Llano schaut mir aus sicherer Entfernung zu und beäugt mich aufmerksam. Es ist sehr warm heute. Und es wird bald dunkel.

25.08.2019 - Widerstand - oder Vertrauen?

Dann arbeitet sich plötzlich ein entscheidender Impuls aus meinen Tiefen nach oben. Ich erinnere mich an Llanos Worte, ich solle KONSEQUENT meinen Gefühlen folgen. So stehe ich auf, ziehe meine Kleidung aus, gehe in den seichten Fluss und lasse mich im Wasser mit der Strömung treiben. Ich versuche, zu werden wie das Wasser. Mit der Strömung des Wassers schmiege ich mich an den großen Steinen entlang und lass mich einige hundert Meter einfach so treiben. Ein wundervolles

Gefühl. Ganz ohne Bedenken oder Ängste. So soll sich von nun an mein Leben anfühlen. Ich bin nicht der Fels, der bremst oder aufhält, nein, ich bin das fließende Wasser! Diese kleine und parallel große Erkenntnis stimmt mich erfüllt und glücklich. Ich schwimme gegen die Strömung zu meiner Einstiegsstelle zurück. Dabei wird mir wieder einmal klar, wie anstrengend es ist, gegen den Strom des Lebens anzukämpfen. Ich will keinen Kampf mehr! Damals, als Jugendliche, habe ich mir daraus eine Art persönliches Grundgesetz geschmiedet, wie ein Mantra: bloß nicht mit dem Strom schwimmen. Bloß nicht wie alle anderen sein. Bloß Individualität und Besonderheit etablieren – um jeden Preis – und egal, wie anstrengend das ist. Und ich wundere mich, dass mein Leben bis hierhin anstrengend war? Das ist doch die logische Konsequenz meiner selbst getroffenen Entscheidungen.

Am Ufer angekommen trocknet mich die Sonne in wenigen Minuten und ich ziehe mich wieder an. Dabei bemerke ich, wie ich die alten persönlichen Grundgesetze satt habe. Das ist es, was Llano mir in letzter Zeit vermitteln wollte: Hört endlich auf, euch von anderen abzugrenzen! In diesem Augenblick verstehe ich, dass auch mein Leben viel fließender und erfüllter sein kann, wenn ich mich dem Strom des Lebens endlich wieder vertrauensvoll hingebe. Während ich mich anziehe, kommt Llano ein bisschen näher.

> Llano: „Wenn Du es noch nicht voll und ganz für Dich fühlen kannst oder willst, dann wenigstens für uns."

> Ich: „... Das bedeutet, ich muss euch loslassen? Ins Leben entlassen?"

> Llano: „Nein. MUSST Du nicht. Du DARFST! Das ist ein Geschenk."

Ich: „Was muss ich tun?"

Llano: „Stelle Dich ganz nah neben jeden von uns beiden und sag mir, was Du spürst. Ohne zu denken."

Ich stelle mich ganz nah an ihn und sehe Bilder vor meinem geistigen Auge ablaufen. Da bemerke ich, dass ich aus Llanos Augen zu schauen scheine. Wie ein Film läuft es vor mir ab. Ich beschreibe ihm, was ich zu sehen scheine – oder ist es eine Illusion? Ich schicke den Zweifel in eine Ecke des Verstandes und sehe plötzlich eindeutig und ganz klar.

Ich: „Ich beschreibe Dir, was ich sehe: Llano, Du begrüßt an einem Herbstmorgen von deinem Paddock aus, ein Paddock den ich nicht kenne, eine blonde Frau. Sie ist schon älter, wirkt aber jung geblieben. Mit weit geöffnetem Herzen schaut sie Dich an und wirkt wie verliebt. Sie hat warmes Futter dabei und Du freust Dich darüber. Es ist Dir selbstverständlich, dass sie sich gut um Dich kümmert. Dann sehe ich, wie Du sie trägst. Sie ist gerührt davon, dass ein so weises Pferd mit ihr lebt. Sie sieht bescheiden und unglaublich erfüllt und bereichert aus. Es ist so, als würdest Du ihr schenken, wonach sie sich schon so lange sehnt. Jede Minute, die sie bei Dir ist, hört sie Dir gewissenhaft zu. Sie weiß darum, dass ihr kommunizieren könnt. Sie sieht sich als Deine Schülerin. Neben Dir steht eine Ponystute. Es ist nicht Molly, sie ist etwas kleiner als Molly, hat aber eine unglaubliche innere Größe und wirkt in sich vollkommen. Und da ist noch jemand Kleines, aber den kann ich nicht erkennen."

Llano: „Du kannst ihn nicht erkennen, weil er sich selbst noch nicht kennt. Er hat einen Teil von sich verloren."

Ich: „Aber Du kennst ihn?"

Llano: „Ich kann ihn fühlen. Er hat sehr viel mitgemacht zu Beginn seines Lebens. Auch für ihn gehe ich dorthin."

Ich: „Meine Bilder entsprechen also der Wahrheit?"

Llano: „Vollkommen."

Ich: „Ich kenne die Frau und die Ponys nicht. Wie soll ich denn diese Frau finden?"

Llano: „Das ist Deine Aufgabe. Ich helfe Dir dabei, wenn sie hier ist. Dann zeige ich Dir, dass sie die Richtige ist. WIR werden Sie finden. Du brauchst nur Vertrauen, sonst nichts."

Ich bin überwältigt und sprachlos. Dann stelle ich mich ganz nah an Molly und versuche, nur kommen zu lassen, was längst da ist. Den Zweifel dränge ich wieder in die Schweigeecke. Dann erzähle ich Llano von meinem Eindruck.

Ich: „Wenn ich neben Molly stehe, spüre ich, wie mein Bauch ganz dick wird. Als wäre ich schwanger. Ich fühle mich gut aufgehoben und bin sehr, sehr glücklich. Rund um mich herum stehen viele Pferde, die genauso aussehen wie Molly. Und es gibt satt zu fressen."

Llano: „Hervorragend. Dann hast Du jetzt alle Informationen, die Du brauchst."

Ich verabschiede mich heute von meinem Lehrer mit einer achtungsvollen Verbeugung. Ich bin tief berührt. Hat er mir doch gerade ein Zeitfenster geöffnet und mich sehen lassen, was eine mögliche Option für diese beide Pferde sein könnte. Ich bin sehr glücklich und schäme mich ein bisschen. So lange hatte ich befürchtet, dass Llano gehen muss, und habe das immer mit dem Tod gleichgesetzt. Nun hat er mir den entscheidenden Schubs gegeben: Er zieht nur um! Ich tanze auf dem Rückweg zum Haus. Llano zieht nur um!

Zu Hause angekommen platze ich vor meinem Mann mit meinen neuesten Eindrücken und Erkenntnissen heraus. „Llano zieht um!".

Mein Mann schaut mich ungläubig an. „Wohin?", fragt er mich. „Ich weiß es nicht. Aber ich werde die Frau schon finden, bei der er es gut hat", ist meine überzeugte Antwort. Dann verschwinde ich den Tränen nahe und gleichzeitig glückselig in der Dusche. Dort wird mir klar, dass ich gerade im Begriff bin, meine Pferde loszulassen. Auf menschlich-gesellschaftliche, verstandesschwere Art heißt das: Ich verkaufe meine Pferde. Darüber erschrecke ich. Niemals hätte ich gedacht, dass ich diese beiden fantastischen Wesen irgendjemandem anvertrauen werde. Ich dachte, ICH wäre IHR Ort. Das war ich auch. Bis heute.

Nachdem ich viele Minuten in meinem Selbstmitleid verbracht und ausgiebig geweint habe, stelle ich fest, dass ich gerade kurzfristig meinem Verstand aufgesessen bin. Kurz dachte ich, ich müsse verrückt geworden sein. Da erkenne ich: Mein Verstand will, dass alles so bleibt, wie es ist. Doch das Herz ist schon viel weiter. Es weiß, dass es richtig ist, sich jetzt zu trennen. Tiefes Wissen und ein tiefes Vertrauen durchdringen mich. Llano hat es „ein Geschenk" genannt. Die innere Zerrissenheit ebbt ab. Nach dem Duschen bleibt nur ein einziger Aspekt zurück, der mich verunsichert und mir Angst macht. Wie und wo finde ich die richtigen Personen für diese beiden Engel in Pferdegestalt? Ich habe Angst, dass ich eine Fehlentscheidung treffe.

Nach dem Anziehen stelle ich mich auf einen Platz in der Abendsonne im Garten und bitte um Unterstützung – von wo auch immer! Vom Großen Ganzen, von Gott, von geistigen Helfern... Auf wen auch immer ich mich jetzt verlassen können soll!? Und die Hilfe kommt. Ich komme vollständig zur Ruhe und überlege, wo ich Mollys gesehene Herde finde. Eine Herde, in der sie Fohlen bekommen darf, und zwar schon bald. Mir fällt mein Connemara-Lieblingsgestüt ein. Ganz in der Nähe, nur vierzig Kilometer entfernt. Ach, wäre das nicht wundervoll, wenn sie dort hin dürfte? Ich spüre, wie diese Idee ein gefühlter Wunsch wird. Dort leben nicht nur ihrer Rasse verwandte Pferde, sondern auch tatsächliche Verwandte, allen voran ihre direkte Schwester. Ich gehe zu meinem Handy und schreibe der Gestütsleiterin. Ich kenne sie schon lange, wenn auch bisher nur oberflächlich. Doch ich weiß, dort leben die Pferde artgerecht, natürlich und haben es sehr gut.

Nur eine halbe Stunde später erhalte ich eine Antwort. Sweet Molly wird mit Handkuss noch in diesem Herbst dort einziehen können. Ein Wunsch wird wahr. Damit hatte ich kaum gerechnet. Jetzt wird es Wahrhaftigkeit. Mir geht es zwar viel zu schnell, doch ich erkläre es mir damit, wie sehr dieser Schritt richtig ist. Die Zeit scheint reif zu sein. Für meinen Körper ist das allerdings viel zu schnell mit der positiven Nachricht. Ich merke, wie mir übel wird und sich in meinem Bauch Dinge regen, die in Ruhe gehören. Es rumpelt und pumpelt tief in meinem Inneren. Doch da muss ich jetzt durch – auf allen Ebenen.

Dann stelle ich mich nochmals auf den Platz in der mittlerweile untergegangenen Sonne. Ich brauche noch eine Idee für Llano. Und ich erhalte den Impuls, von wo auch immer: „Es ist Deine Aufgabe, findbar zu sein." Wahrscheinlich meint er, so, wie ich auch Molly gefunden habe. Und mir ist ganz klar, was zu tun ist. Ich gehe hinein, nehme mein Laptop und schreibe eine Anzeige zum Verkauf von Llano. Das Thema

Verkauf macht mir zwar noch Bauchschmerzen, aber irgendwie müssen wir zu finden sein. Ich schreibe seine gesamte Geschichte in Stichpunkten auf, was er alles kann, wie er ist, was er in seiner Biografie alles gemeistert hat, welchen Rang er stets in der Herde bekleidet hat, wie viel Kilos sein Rücken nach meiner Einschätzung verträgt, welche Ausbildungen, Fähigkeiten und Vorlieben er hat. Ich hänge viele gute Fotos von ihm daran und dann setze ich die Anzeige noch im selben Moment online. Lang ist sie geworden, die Anzeige. Doch seine neue Halterin soll Stichpunkte finden können, falls sie jemanden Besonderes sucht.

Dabei fühle ich mich irgendwie schäbig. Ihn so auf Fakten zu begrenzen entspricht überhaupt nicht seinem wahren Wesen. Llano ist so viel, so vollkommen, hat solch eine unbeschreibliche Größe... Mit Worten ist er nicht wirklich in seinem Wesen zu beschreiben. Sie scheinen ihn eher zu reduzieren. Ich verstehe noch einmal, warum er solch eine Einstellung bezüglich unserer Sprache vertritt.

Die Tage vergehen und ich erhalte allerhand Zuschriften, die mich alle eher unglücklich und kritisch stimmen. Menschen wollen wissen, ob er dieses oder jenes aus bestimmten Reitweisen kann. Andere wollen wissen, ob ich die Kosten für ein altes Pferd weitertragen würde, weil er ja schon über zwanzig Jahre alt wäre. Wieder andere wollen meine zugemutete Kilozahl für seinen Rücken beugen und andere scheinen mit mir eine Art Brieffreundschaft aus Langeweile anzustreben, ohne ernsthaft an diesem Pferd interessiert zu sein. Sie allesamt schaffen es, dass ich den Glauben an die Sache mehr und mehr verliere. Eher gesagt, steht mein Glaube an die Menschen auf dem Prüfstand. Ich übe mich in Vertrauen und lade nach und nach verschiedene Interessentinnen ein. Nachdem Llano sie interessiert inspiziert hat, geht er ohne ein Wort in den Wald, und kam bei einigen Besucherinnen nicht wieder heraus, solange sie anwesend waren. Nach der Verabschiedung jeder einzelnen ging ich zu ihm und habe ihn interviewt. Llano antwortete mir ordentlich auf alle mir aufkommenden Fragen zu seinem Verhalten.

Llano: „Mit der muss ich all das noch einmal machen, was ich schon mit Dir gemacht habe. Sie ist es nicht."

Llano: „Die muss erst einmal ganz andere Dinge in ihrem Leben klären, bevor sie die Verantwortung für ein Pferd tragen kann."

Llano: „Diese will nur meine Leistungsfähigkeit. Sie braucht ein junges, sportliches Pferd. Sie will sich nicht entwickeln. Sie will sich von Entwicklung und Reifung ablenken."

Llano: „Diese mag mich nicht, traut sich aber nicht, Dir das zu sagen."

Llano: „Diese ist es sich nicht wert, ein Pferd wie mich zu haben, deshalb hat sie auch kein Geld."

...so oder so ähnlich ging es sieben Interessentinnen lang. Zwei von ihnen sind zur Verabredung gar nicht erst aufgetaucht. Dann kam ich endlich auf den Gedanken, die Anzeige zu verändern. Dazu ging ich mit Llano zwei Wochen später in ein tiefes Gespräch. Ich war erschöpft, müde, ausgelaugt und fühlte mich mit der Aufgabe überfordert.

07.09.2019 – Vom Verstand befreit

Ich treffe Llano am Samstagmorgen zu seiner warmen Lieblingsmahlzeit. Aktuell brauchen wir keine intensive Vorbereitung, um gemeinsam einen tiefen Austausch zu haben. Während er neben Molly genüsslich frisst, gehen wir „online", wie ich die Verbindung auf dieser Ebene dieses tiefen Austauschs nenne.

> Ich: „Ich scheine nicht die richtigen Personen anzusprechen. Alle haben irgendetwas auszusetzen und ich spüre in jeder Person, die Dich besuchen kommt, einen inneren Widerstand. Kannst Du mir helfen, das zu benennen?"

> Llano: „Der Widerstand ist da, weil sie Angst haben."

> Ich: „Ja. Wenn ich genau hineinfühle, spüre ich die auch. Aber wieso? Ich bin doch aufrichtig und ehrlich mit ihnen. Ich sage ihnen alles über Dich, was ich weiß."

> Llano: „Genau das macht ihnen Angst. Du weißt so viel mehr über mich, als jede einzelne über sich selbst weiß. Das überfordert sie. Außerdem glauben sie nicht an Deine Ehrlichkeit. Menschen sind es nicht gewohnt, ehrlich behandelt zu werden. Sie suchen den Haken."

> Ich: „Dann hilft es wohl nicht, dass ich es ihnen versichere, dass dort kein Haken ist?"

> Llano: „Ich denke, das macht es eher schlimmer."

Ich: „Und was kann ich tun?"

Llano: „Was hast Du ihnen denn zuvor über mich alles gesagt?"

Ich: „Ich habe alles in Deine Suchanzeige geschrieben, was mir wichtig ist."

Llano: „Das ist der Fehler. Es geht nicht um Dich. Und es geht nicht um mich. Es geht um sie."

Ich: „Aber wenn ich alles aus der Anzeige heraus nehme, was für mich oder für Dich von Bedeutung ist, dann steht darin nicht mehr viel."

Llano: „Ist doch gut. Dann haben sie noch selbst etwas herauszufinden. Du machst mit Menschen immer den Fehler, dass Du ihnen ungefragt all das gibst, was DU weißt. Und Du gibst ihnen, was Du denkst, was für sie wichtig ist. Doch sie sind auf der Suche nach ihren eigenen Erkenntnissen. Was würde übrig bleiben, wenn Du alles streichst, was Interpretation ist und dort nur noch sachliche Fakten stehen?"

Ich: „...hm. Dann stünde dort Wallach, 153 cm Stockmaß, 22 Jahre, Kohlfalbe, gesund, liebt Ritte ins Gelände, braucht zusätzliches Futter wegen fehlender Backenzähne. – Das wären die Fakten."

Llano: „Versuch es. Menschen sind Jäger. Sie wollen selbst rausfinden, ob sie zu mir passen und ob ich zu ihnen passe. Du hast nicht die Rolle der Aufklärerin, Lehrerin oder

Geschichtenerzählerin. Deine Aufgabe ist nur, dass sie mich finden können."

Ich: „Und was machen wir mit ihrer Angst vor einer Fehlentscheidung? Die Angst, dass an der Sache ein Haken ist?"

Llano: „Es ist nicht ihre Angst – es ist Deine. Vertrau!"

So gehe ich wieder mit meinem Auftrag nach Hause und schreibe in Windeseile die Anzeige um. Das gestaltet sich nicht als schwierig. Es ist für mich komisch und macht mich nicht zufrieden, mich mit meinem Wissen und Fühlen so sehr zu begrenzen. Aber wenn das der Weg ist, mit dessen Hilfe die richtige Person uns findet, dann werde ich mich fügen. Ich kürze also den Text um fast neunzig Prozent und übrig bleibt die Zeile, die ich mit Llano vereinbart habe. Einen Versuch ist es wert. Dabei wird mir klar, wieviel ich in der vorherigen Anzeige geschrieben habe, was längst vorbei ist, Geschichte. Ich habe erläutert, wie und wann er es im Leben auch schwer hatte. Damit gingen all diejenigen in Resonanz, die es auch schwer hatten und die anstelle ihrer selbst jetzt einen anderen retten wollten. Ich hatte ihnen damit einen Raum geöffnet, nicht für *sein* altes Drama, sondern für *ihres*. Und sie fühlten sich davon angesprochen. Doch mit dem Llano, der hier, jetzt und heute auf dieser Weide inmitten seiner Vollkommenheit steht, hatten die alten Dramen nichts mehr zu tun. Am Ende fühlte es sich gut an, im Jetzt und bei den Fakten zu bleiben. Auch, wenn mir die Informationen immer noch als sehr wenig erschienen, um zu begreifen, wer oder was er ist.

08.09.2019 – Das Wunder der Anziehung

Es ist Sonntag und das Telefon klingelt kurz vor Mittag. Ich sehe eine fremde Handynummer auf der Anzeige meines Handys und bin glücklich, dass sich anscheinend endlich mal jemand direkt und persönlich für Llano interessiert, fernab von langem, unverbindlichem Schriftverkehr. Am anderen Ende der Leitung meldet sich eine aufgeregte, etwas unsicher scheinende Frau. Sie sagt mit vorsichtiger Stimme, sie würde sich für mein Pferd aus der Anzeige interessieren und sie glaubt, es könnte genau das sein, wonach sie schon so lange sucht. Und dann schweigt sie. Ich spüre, wie sie versucht, einen gesammelten, erdigen und unaufgeregten Eindruck zu machen. Doch da ist so viel unterdrückte Bewegung und Aufregung in der Stimme, dass auch ich körperlich wackelig werde und mich setzen muss. Das könnte sie sein! Gegenseitig steigert sich die Aufregung in uns und wir verabreden uns erst für den nächsten Tag, dann lieber in Ruhe für das nächste Wochenende. Wir haben beide in der kommenden Woche viel zu erledigen und ich bin kurz glücklich darüber, etwas Zeit geschenkt zu bekommen. Molly darf umziehen, sowie Llano ein Zuhause gefunden hat, so ist es mit dem Gestüt verabredet. Sollte Llano also gleich morgen SEINE Person finden und dann womöglich umgehend umziehen, würde es mir wahrscheinlich zu schnell gehen. Ich nehme Llano aus der Anzeige im Internet und vertraue meinem Gefühl. Voller Zuversicht und Vertrauen. Und mit geschenkter Zeit.

In der kommenden Woche werde ich operiert. Meinem Körper geht der Wandel anscheinend viel zu schnell, so dass er Organe hat zusammenwachsen lassen. Diese werden wieder voneinander getrennt. Trennung steht also an... Deutlicher geht es nicht. Ich habe scheinbar auf allen Ebenen versucht, Zusammenhalt herzustellen und meine Verbindungen um jeden Preis halten zu wollen.

Durch die Operation, die damit in Verbindung stehende Narkose und die folgenden Tage der Regeneration fällt es mir leicht, mich einige Tage dem Thema Trennung zu stellen. Ob ich will oder nicht, ich habe gar keine andere Wahl. Bereits nach dem Aufwachen aus der Narkose falle ich immer wieder in einen tiefen, tranceähnlichen Zustand. Llano ist während dessen die ganze Zeit präsent, wie auch meine geistigen Helfer, die ich in den kommenden Tagen oft bildlich vor mir sehe. Ich nutze die Chance, mit ihnen ins tiefe, meditative Gespräch zu gehen und bekomme viel Aufschluss über mich selbst und das Leben. Nach einigen Tagen wird mir dann deutlich klar, dass ich auf Llanos Frage, die er mir seit über einem Jahr immer wieder stellt, endlich eine durch und durch eindeutige Antwort habe: „Ja, ich bin jetzt soweit!" Ab jetzt bin ich auf allen Ebenen mit Trennung einverstanden, sogar mein Körper arbeitet hervorragend mit. Es kommen in diesen Tagen viele Bilder von Trennungen aus meinem Leben in mir hoch und ich bin in der Lage, mit allen Trennungen meines Lebens Frieden zu schließen. Ich gebe mein Recht auf Nörgelei und Widerstand dem Leben gegenüber auf und kann verzeihen. Allen, von denen ich mich jemals im Stich gelassen fühlte, allen, die ohne mein Einverständnis einfach so aus meinem Leben gegangen sind. Und mir selber. Endlich. Es entsteht sogar ein Buch, dass ich zwischen den Meditationen in Windeseile zu schreiben vermag. Es fließt wie geführt aus meiner Feder und schon nach wenigen Tagen ist ein komplettes Buch entstanden: „Die Kunst des Loslassens – Von der Meisterschaft in der Pferdebegegnung". Denn genau das ist es, was mir klar wird. Das ist es, wo ich mittendrin stecke. Während des Schreibens schaltet sich Llano immer wieder ein.

13.09.2019 - Von der Gelehrten zur Geleerten

Llano: „Wie schön, dass Du so weit bist. Jetzt beginnt die Meisterübung."

Ich: „Sie beginnt? Ich dachte, ich sei jetzt fertig!?"

Llano: „Fertig bist Du mit vielem. Mit Geschehnissen mit anderen Menschen, mit uns, mit Deinen bisherigen Aufgaben, mit Deiner Vergangenheit. Jetzt bist Du geleert. Du hast Dich von der Gelehrten zur Geleerten entwickelt."

Ich: „Das war ein anstrengender Weg und meine bisherige größte, an mich getragene Aufgabe. Aber worin besteht dann noch die Meisterschaft?"

Llano: „Leer zu bleiben. Nur wenn Du leer bist, im Geiste und in Deinem Herzen, kann Dir die Fülle zuteilwerden, die Du für ein erfülltes Dasein brauchst. Die Fülle, die Deiner Seele und Deinem Wesen zusteht. Die Fülle, die allen zusteht. Die Fülle, die immer schon da war, aber auf die Du keinen Zugriff hattest, weil Du noch so verstrickt warst mit Situationen aus Deinem Leben. Das alles gehört ab jetzt der Vergangenheit an. Du brauchst sie nicht wieder, NIE WIEDER, in Deine Gegenwart ziehen. All das ist vergangen und darf endlich in Frieden ruhen. Du lässt diesen Teil Deines Lebens jetzt hinter Dir. Dort, wo es hingehört – in die Vergangenheit.

Ihr Menschen denkt immer, wenn ihr möglichst voll seid mit Wissen, Erklärungen und mit Inhalten, seid ihr gut. Aber das ist nur gut aus der Sicht des Verstandes, gemäß eurer gesellschaftlichen Prägung. Wenn ihr viel Wissen angehäuft habt, dann hat der Verstand vieles, worauf er zurückgreifen kann, wenn es einmal eng wird in eurem Leben. Strategien. Strategien, die damals funktioniert haben. Doch diese Art künstliche Fülle ist das, was euch im Wesentlichen begrenzt. Der Verstand holt sich immer dann Erklärungsmuster aus eurem alten Kontext, wenn ihr sie braucht. Doch diese Strategien sind alte, überholungswürdige Strategien. Eine Strategie ist immer nur *eine* von vielen Möglichkeiten. Dadurch, dass ihr auf bestimmte Situationen gewohnt strategisch auf Probleme reagiert, kommt ihr immer zu demselben, gewohnten Resultat. Es kann nichts Neues geschehen. Die Erarbeitung dieser Lösungswege liegt in der Vergangenheit. Wenn Du wirklich mit Deinem Hadern über das Leben abgeschlossen hast, dann brauchst Du diese Wege nicht mehr. Dann können ab jetzt situationsorientierte, neue Möglichkeiten entstehen, die wirklich zum jetzigen Zeitpunkt passen. Es ist wie eine Art Neustart. Verstehst Du das?"

Ich: „Ja, das verstehe ich. Aber es macht mich unsicher. Diese Leere öffnet einem Gefühl von Überforderung in mir einen großen Raum. Bisher war ich mir sicher, dass ich mit meinen gelernten Methoden jede Situation meistern kann."

Llano: „Und wo ist das Problem?"

Ich: „Wenn ich die alten Situationen inklusive ihrer Lösungsstrategien sozusagen vergesse, dann habe ich keine mehr. Dann bin ich ab jetzt hilflos. Das macht mich ängstlich und unsicher, was meinen neuen Weg betrifft. Ich weiß weder, wie der neue Weg aussehen soll, noch, was er beinhalten wird."

Llano: „Und was fühlst Du in Dir dazu?"

Ich: „Angst. Verunsicherung und Hilflosigkeit. So etwas, wie ausgeliefert sein."

Llano: „ DU, - DEIN WESEN HAT KEINE ANGST. Die Angst kommt von woanders."

Ich: „Aber ich spüre sie doch."

Llano: „Das ist eine Illusion. Eine Täuschung Deines Verstandes. Der Verstand hat Angst. Angst, überfordert zu sein, Angst, sich nicht mehr einmischen zu dürfen, Angst, die Kontrolle zu verlieren. Was passiert mit Dir, wenn Du Angst hast?"

Ich: „Dann kann ich nicht mehr spüren, dass ich im Grunde meines Herzens vertraue. Ich vertraue wirklich. Aber als Gegenpol der Angst wirkt das Vertrauen eher klein und verkümmert. Die Angst ist so groß im Moment."

Llano: „Sie scheint nur groß, weil Du ihr so viel Raum gibst. Du glaubst eher an die Angst, als an Dein Urvertrauen. Und Du räumst der Angst Möglichkeiten ein, sich zu zeigen – nur, um sie dann zu bekämpfen. Wie wäre es, wenn Du vom Kampf endlich Abstand nehmen könntest?"

Ich: „Llano. Du kennst mich doch. Ich kämpfe doch gar nicht. Ich versuche meine Probleme immer positiv und konstruktiv zu lösen. Für alle Seiten."

Llano: „Auch das ist eine Illusion."

Ich: „...es kann doch nicht alles Illusion sein, was ich wahrnehme?!"

Llano: „Mindestens neun von zehn Gedanken sind Illusion. Du fühlst etwas, orientierst Dich an dem Gefühl und bist mit allen Deiner Anteile damit beschäftigt, diese Gefühle zu managen. Oder eher gesagt: Du lässt Dich von Deinen Gefühlen beschäftigen, damit Du etwas zu tun hast, und zwar in einer Art und Weise, in der Du Dich auskennst. Dein Verstand macht das auch FÜR Dich, damit Du Dich in Sicherheit wiegen kannst. Doch diese Art Gefühle sind nur die Methoden Deines Verstandes, Dich zu lenken und zu kontrollieren. Du gibst dem Verstand viel zu viel Macht über Dich."

Ich: „Und was mache ich als fühlender Mensch dann mit all diesen Impulsen?"

Llano: „Im Moment denkst Du noch, Du wärest Deine Gefühle. Doch das stimmt nicht. Du *hast* diese Gefühle. Du *bist* etwas anderes."

Ich: „Und was kann ich tun, um dem Verstand die Macht abzunehmen und um auch mal andere Gefühle zu haben?"

Llano: „Das ist ganz leicht – und gleichzeitig ist das die Meisteraufgabe, die Dir bevorsteht."

Ich antworte nicht. Denn genau das ist wohl auch schon wieder so eine automatisierte Verstandesleistung. Ich versuche herauszufinden, was geschieht, wenn ich nicht immer sofort meinem inneren Widerstand nachgebe, „ja, aber..."- denke, klugscheiße oder Recht haben will.

Auch Llano bleibt lange still. Ich fühle mich von ihm getestet. Ich ahne, er wartet nur darauf, dass ich wie gewohnt schnell mit etwas Neuen hervorkomme. In gewohnter Manier. Doch das tu ich dieses Mal bewusst nicht. Es ist eine große Aufgabe für mich, nichts zu sagen. Noch größer ist die Aufgabe, auch nichts zu denken, denn dann könnte ich es genauso gut sagen. Egal, auf welcher Ebene der Widerstand da ist. Wenn er da ist, ist er da. Ich versuche ruhig zu werden und Frieden mit Llanos Lehre von der Leere zu schließen. Dabei beobachte ich mich aufmerksam selber.

Ich: „Es fällt mir schwer, ganz ruhig zu werden."

Llano: „Das ist normal. Du bist ein Mensch. Sei nicht so streng mit Dir."

Ich: „Und was soll ich tun?"

Llano: „Nichts."

Ich: „Nichts?"

Llano: „Nichts."

Mir wird mit einem Mal klar: Wenn ich nichts tun darf, nichts tun soll, und nichts tun muss... Dann wäre das ja großartig! Dann könnte ich endlich einen Zustand in mir haben, der weniger getrieben ist von Optimierung, von Leistung und von Erhabenheit. Dann könnte ich alles loslassen, was mir in meinem Leben so viel Stress gemacht hat und mir meinen Raum genommen hat. Wie viele Tage habe ich in meinem Leben damit verbracht, wie in einem Hamsterrad all das abzuarbeiten, was ich gelernt und mir vorgenommen habe. Ich erkenne, dass ich viele Tage meines Lebens noch dieses musste, noch jenes. Es schien an einigen Tagen nicht aufzuhören. Und wenn ich einmal gut unterwegs war, im Flow, und alles so floss, dass sich meine Vorhaben wie von selbst erledigten, dann habe ich im Anschluss daran eben schon einmal Dinge erledigt, die ich morgen hätte tun müssen. Und so riss Woche für Woche der Faden des ewigen Tun- und Denken-Müssens nicht ab. Ich stand so oft unter Strom. Wie ein innerer Zwang.

Llano: „Wie nennst Du das, was Du gerade bewusst wahrnimmst?"

Ich: „Getrieben sein."

Llano: „Und genauer? Was ist es, was Dich treibt?"

Ich: „Meine Vorstellung von mir selbst – Idealismus?"

Llano scheint zu lächeln. Ich kann es zwar nicht sehen, weil ich nicht auf der Weide bin, aber ich kann sein Lächeln spüren. Es ist weich, nachsichtig und milde, was mir von seinem großen Herzen entgegenkommt.

Llano: „Guter Ansatz. Ich hoffe, Dir ist bewusst, dass weder ihr Menschen noch wir Pferde jemals diesen idealisierten Zustand erreichen können? Denn sonst wäre es nicht der Idealzustand. Ziele können wir erreichen, wenn sie nicht zu hoch sind. Ideal steht immer mit etwas Abstand noch über den Zielen und kann nicht erreicht werden. Höchstens für einen Moment."

Ich: „Du meinst, auch was mein Ideal betrifft, kann ich loslassen?"

Llano: „Nein. Du SOLLTEST! - Den Idealzustand anzustreben entspringt einem Zwang. Als Kind hast Du gelernt, was Du sollst und was nicht. Daraus ist nach einiger Zeit Gewöhnung entstanden, was Du tun kannst und was nicht. Und dieses Bewertungsschema hat sich irgendwann verselbständigt. Du meinst zu wissen, was Du willst, und was nicht. Doch das, woran ihr euch orientiert, ist euch Menschen übergestülpt worden. Ihr habt gelernt, daran zu glauben. Als Folge dessen müsst ihr euch ständig kontrollieren. Ihr schaut euch bei all euren Verhaltensweisen selbst zu und unterscheidet sie in erwünscht und nicht erwünscht, in richtig und in falsch. Doch das ist nur eine Prägung. Diese ist zu einem sich selbst kontrollierenden Programm geworden, das euch stets beschäftigt hält. Was ihr daraus erntet – neben einer

Schmälerung Eurer selbst – sind Zwänge. Es ist an der Zeit, diese aufzugeben."

Ich: „Aber wenn ich mir all das nehmen lasse, was ich gelernt habe, wer oder was bin ich dann noch?"

13.09.2019 – Die natürliche Angst vor Leere

Llano: „Was Du dann noch bist? Aus der Perspektive eures Verstandes: Nichts. Aus der Perspektive eures Herzens: Alles. Und das ist es, wonach ihr euch sehnt. Vollständigkeit. Es ist an der Zeit, dass Du selbst entscheidest und nicht mehr über Dich entscheiden lässt. Und zwar in jedem Moment neu. Wenn Du immer das tust, was gerade nötig ist zu tun, kann es niemals falsch sein. Denn dann würden Deine Handlungen immer und überall dem jeweiligen Kontext entsprechen. Daraus, dass Dein Verstand zur Ruhe kommt, entsteht Freiheit. Wahlfreiheit. Der Verstand ist so etwas wie ein innerer Diktator. Er hält Dich in dem Muster fest, in dem Du schon immer warst. Freiheit entsteht, wenn Du die Wahl hast zwischen dem Gelernten und dem natürlich Notwendigen, und Dir diese Freiheit erlaubst. Auch wenn einige von euch Menschen dann glauben, Du hättest keine Prinzipien mehr. Genau das Gegenteil ist der Fall. Prinzipien entsprechen dem Leben. Prinzipien solltest Du haben. Doch wer sich an Prinzipien orientiert, der hat die inhaltliche Wahl. Reaktionen sind das, WAS Du tust. Prinzipien geben Dir einen Leitfaden, wie Du es tust. Und um das *wie* geht es. Es kann sein, dass Du so nicht immer zu alten, gewohnten, schnellen Erfolgen kommst – aber die Qualität wird umso besser. Dann kannst Du ein erfülltes, freies Leben führen. Dann kannst Du die Regisseurin für Dein Leben sein."

Ich: „Das verstehe ich. Aber ich weiß jetzt noch nicht, wie das funktionieren soll."

Llano: „Du musst Dich entscheiden. Willst Du eine kleine Rolle in Deinem Leben spielen und gut in die Gesellschaft und in euer Menschheitskorsett passen, oder willst Du die Hauptrolle in Deinem Leben spielen?"

Ich: „Natürlich will ich die Hauptrolle spielen. Aber wie ich schon sagte, ich fühle mich überfordert und irgendwie hilflos, wenn ich all das ziehen lasse, was mich und meine Vergangenheit ausmacht."

Llano: „Hilflos bist Du sicher nicht. Nur frei von Kontrolle, Programmen und Zwängen. Du kannst Dich entscheiden, ob Du auf Deinen überfüllten Verstand hörst – oder auf Dein leeres Herz."

Ich: „Und wer gibt mir dann die Antworten, wenn mein Verstand nicht mitspielen darf und mein Herz aber leer ist?"

Llano: „Auf die Frage habe ich gewartet. Wenn Dein Herz tatsächlich leer ist, dann ist es frei für die Geschenke des Moments, und kann empfangen."

Ich: „Das heißt, ich bekäme die Antworten geschenkt? Von wo?"

Llano: „Worauf auch immer Du Dich ausgerichtet hast."

Ich: „Und was meinst Du genau mit Ausrichtung?"

Llano: „Ausrichten kannst Du Dich an Deinem Ideal, dann gibt das Ideal Dir direkte Antworten in Dein Herz. Du kannst Dich ausrichten an Eigenschaften, wie freundlich sein zu wollen, oder immer gerecht zu sein, was aber wieder ein Korsett wäre, weil es Deine natürlichen Möglichkeiten schmälert. Und Du kannst Dich ausrichten am Großen Ganzen, dann gibt das Dir Antworten mitten in Dein Herz. Im Moment bist Du ausgerichtet auf uns Pferde, vor allem auf mich. Deshalb kann dieser Dialog überhaupt stattfinden. Doch Du solltest Dich in Deiner Situation nur noch an etwas oder jemandem ausrichten, der weiser, reifer und weiter ist, als Du es bist. Im Moment hüpfst Du mit Deiner Ausrichtung von einem zum anderen. Mal richtest Du Dich auf mich aus, mal auf Pferde allgemein, mal auf Deinen Mann, mal auf Deine Kunden. Das ist kein stabiles Konstrukt. Du solltest Dich auf jemanden oder etwas ausrichten, das Dir hilft, Dich in punkto Selbstverwirklichung zu entwickeln. Dazu musst Du reifen."

Ich: „Dazu muss ich in mich gehen. Wer oder was soll das sein, so dass kein neues Korsett, keine Fremdbestimmung und keine Grenzen entstehen, die wieder nur eine Illusion darstellen?"

Ich gehe in mich. Was für Aufgaben mir dieser große Kerl doch gibt. Sie müssen zu schaffen sein, davon bin ich überzeugt. Denn sonst würde ich diese Weisungen nicht erhalten. Oder zumindest nicht so klar und eindeutig.

13.09.2019 - Die Initiation

Ich grüble und schlafe ein, gefühlt zum hundertsten Mal in diesen Tagen. Ich gehe in einer Art Dämmerschlaf. Und plötzlich zuckt mein Körper zusammen, wie von einem Blitz getroffen. Durch meine Füße scheint eine riesige Energiewelle aufzusteigen, durch meine Beine, meinen Unterleib und schießt in der Wirbelsäule hinauf bis zum Kopf und darüber hinaus. Ich merke dabei ganz genau, wo es eng ist: kurz unter dem Herzen. So wache ich auf und spüre mein Herz so doll, wie niemals zuvor. Der Eintrittspunkt der Welle unter meinen Füßen schmerzt fürchterlich, so als hätte ich mich dort verbrannt. Auch in der Wirbelsäule brennt es. Das bringt mich durcheinander, macht mir Angst und plötzlich bin ich hellwach.

Ich: „Llano?"

Llano: „Hier."

Ich: „Was war das, was ich gerade erlebt habe?"

Llano: „Eine Initiation. Ich habe sie auch gespürt."

Ich: „Was macht sie?"

Llano: „Sie räumt den Weg der Mitte frei. Dann kann es leichter durch Dich fließen. Ihr Menschen nennt das die Kundalini-Energie."

Ich: „Ich dachte immer, der Kundalini-Aufstiegs-Kanal wird erst geöffnet, wenn wir sterben?"

Llano: „Tust Du doch gerade."

Wieder verstehe ich gar nichts. Ich habe mich viel mit Tod, Sterben und Nahtoderlebnissen von Menschen beschäftigt. Der Kundalini wird geöffnet, wenn wir nach Hause, ins Große Ganze übergehen, damit die Seele den Heimweg antreten und hinübergehen kann. So denkt man in einigen Religionen und Naturvölkern. Solange er verschlossen bleibt, kann sie den Körper nicht verlassen und bleibt sozusagen im Irdischen gefangen. Ich habe Angst, dass es jetzt, in diesem Moment mit mir zu Ende geht.

Ich: „Ich sterbe?"

Llano: „Nur ein Teil von Dir. Der alte Teil. Das ist ein Beweis für Dein Loslassen auf allen Ebenen. Alles, was Du nicht mehr brauchst, kann jetzt gehen. Danach brauchst Du nur noch Prinzipien. Du musst sie Dir bewusst machen, damit Du Deine Ausrichtung erneuerst. Du kannst in Zukunft mit Deiner Ausrichtung nicht mehr von einem zum anderen springen, um zu gefallen oder Dich sicher zu fühlen. Du musst es jetzt IN DIR VERANKERN. Wenn der Strom des Kundalini sich meldet, brauchst Du unbedingt einen stabilen Anker."

Ich: „In Ordnung. Ich fasse zusammen: Ich muss mir einen Anker setzen, um geerdet zu bleiben, ich soll keine Menschen oder Tiere nehmen, keine Gruppen und keine Ideologien, um mich an ihnen zu orientieren. Dann bleibt mir nur noch der Glaube."

Llano: „Darum geht es. Ihr Menschen, ihr glaubt zu großen Teilen, an nichts mehr zu glauben. Das ist zwar auch wieder eine Illusion, weil ihr dann daran glaubt. Alle Menschen glauben. Sie wissen es oft nur nicht. Einige von euch glauben an die Wissenschaft, andere an die Wirtschaft, andere an Geld, wieder andere an ihren Partner oder ihre Familie. Ihr glaubt an alles, nur nicht an das, was eurer Wahrhaftigkeit dienlich ist. Und dienlich ist euch nur etwas, dem ihr konkurrenzlos mehr Größe zusprecht, als euch selbst. Etwas, in das ihr vertrauen könnt.

Du glaubst an mich. Das ehrt mich sehr. Das ist mir aber zu schwer, denn dann muss ICH Dein Wohlbefinden verantworten. Und verantwortlich bist nur Du selbst für Dich und Deine Resultate im Leben. Du suchst nicht nur Ver-Antwortung bei mir, sondern auch Be-Antwortung. Ich soll Dir Antworten übermitteln. Aber das kann ich nur aus einem einzigen Grunde."

Ich: „Welchem?"

Llano: „Ich glaube nicht nur an die Natur, ich bin es. Ich bin Natur pur. Und ich verlasse mich auf sie. Ich bin fest in ihr verankert. Die Natur sagt mir, was zu tun ist. In jedem Moment. Ich handle, ohne zu denken. Es ist kein Denken, nein, es ist eine selbstverständliche Gewissheit, die durch all meine Zellen, vor allem durch mein Herz fließt. Ich weiß um das Leben, das durch mich fließt. Ihr Menschen habt einen Namen dafür, der allerdings für viele von euch mit Dunkelheit behaftet ist. Auch durch Dich fließt es unaufhörlich. Aber Du traust noch eher meinem Fluss, als Deinem."

Ich: „Die Liebe. Durch uns alle fließt Liebe. Das Leben. Vielleicht Gott – oder die Kraft des Großen Ganzen. Wie immer man das auch nennen mag."

Und da beginnt auch mein Verstand sich dem zu öffnen, was mein Herz längst weiß. Jedoch habe ich mich in der Vergangenheit noch oft davon abbringen lassen, habe lieber wissenschaftlichen Erkenntnissen getraut oder ganzheitlichen Heilweisen. Dann ist alles, worauf ich mich berufen sollte, mein Glaube?"

Llano: „Nur, wenn Du an das Richtige glaubst."

Ich: „Wie unterscheide ich denn das Richtige vom Falschen?"

Llano: „Erstens, weil es größer sein muss als Du – liebevoller, weiser, gütiger, nachsichtiger, milder. Es beinhaltet alles Wissen. Und zweitens: kannst Du den Unterschied fühlen. Es ist die Intuition, der Du vertrauen musst. Ansonsten kannst Du nicht aus alten Mustern aussteigen. Und weil ihr Menschen das unentwegt üben müsst, wenn ihr auf diesem Weg seid und bleiben wollt, ist *das* die Meisteraufgabe. Tägliches Training. Ihr müsst euren Glauben trainieren, wie einen Muskel. Bis Gewissheit ohne Denken entsteht. Dann seid ihr wieder ein Teil der Natur. Natur pur. Du bist ganz nah dran, zweifle nicht. Auch das kann ein Prinzip sein."

Ich: „Mit den Prinzipien tu ich mich noch schwer. Und damit, dass ich mich entscheiden sollte. Ich dachte, Freiheit ist, wenn ich mir immer die Wahl lasse?"

Llano: „Das ist typisch Mensch, das wurde euch beigebracht, wenn ihr als Ziel Freiheit und Autonomie habt, also unbedingt Unabhängigkeit haben wollt. Ihr wollt um jeden Preis erhaben und ungebunden sein. Doch dann bist Du wackelig, hast weder Prinzipien, noch echte Erdung. Du wählst auf der Achse der Breite, nicht auf der Achse zwischen Höhe und Tiefe. Du würdest wählen zwischen Dingen und Personen, die Du sehen und anfassen kannst. Zwischen Handlungsalternativen. Wenn Du wirklich frei sein willst, musst Du Dich festlegen."

Ich: „Das klingt mehr als paradox! Ich muss mich festlegen, um frei zu sein?"

Llano: „Das klingt nur so. Ich habe mich eines Tages festgelegt, zu meinen Kompetenzen zu stehen und Herdenchef zu sein. Darin fand ich größtmögliche Freiheit und Erfüllung. Außerdem konnte ich aufhören, Pferden folgen zu müssen, die die Position nur besetzen, weil es kein anderer tat. Ich spürte intuitiv in meinem Wesenskern, dass ich Herdenführung BIN, personifiziert. Ich musste das nicht TUN, *ohne* es zu sein. Das habe ich bei vielen anderen beobachtet: bei Pferden, bei euch Menschen und sogar unter den Hunden und unter den Katzen. Es hat alle, die es versucht haben, obwohl sie es nicht in sich trugen und verkörpert haben, sehr viel Kraft gekostet. Nach einer Weile waren sie alle müde, frustriert und ausgelaugt. Auch mir ging es zuerst in der Herde so. Ich habe mich über einen langen Zeitraum so sehr angestrengt, alles nach meinen (und zum Teil von Dir übernommenen) perfekten Maßstäben umzusetzen, dass nicht nur die anderen Pferde unter mir gelitten haben, sondern auch Du und vor allem ich selber. Eines Tages war ich so erschöpft, dass ich diesen Blitzschlag vernahm, der heute Vormittag durch Dich geschossen ist. Da konnte und musste ich mich entscheiden: Entweder ganz und gar das zu verkörpern, was ich bin, oder aufgeben und geschwächt, nicht in meiner Mitte, eines Tages krank zu werden und aufzugeben. Vor allem habe ich aufgegeben, allen alles recht zu machen und später konnte ich es aufgeben, mich beweisen zu müssen. Es kehrte Ruhe ein. Ich konnte die Herde plötzlich mit viel weniger Aufwand führen. Ab dem Moment hatte ich stets Kraft über. Für mich selbst. Um mich zu sammeln, zu zentrieren, oder nichts zu tun. Das Nichtstun wird in eurer Menschenwelt sehr unterschätzt. Es dient der Kräftesammlung und der Reifung. Es bringt uns alle in unsere Mitte zurück. Ihr könntet euch ruhig aus vielen Dingen, in die ihr euch ungefragt einmischt, raushalten, und euch dafür kraftvoll in die anderen Dinge, aus denen ihr euch so gerne raushaltet, endlich sinngebend einmischen. Das würde etwas ändern. Für uns alle."

Ich: „Danke Llano, mein weiser Freund. Wie schön, dass ich Dich als Medium nutzen darf. Wenn ich es nun richtig verstanden habe, könnte ich all die Erkenntnisse, die ich über oder besser gesagt durch Dich bekomme, auch vom Großen Ganzen direkt bekommen? Einzig und allein aus der Tatsache, dass Dein leeres Herz die Antworten auch von dort direkt bezieht? Ich nutze Dich also wie eine Art Bande?!"

Llano: „Ja. So funktioniert es. Ich war und bin für Dich so etwas wie heilig und deshalb hast Du den heiligsten Kern in mir erweckt. Dieser hat seit dem Tag unserer Begegnung wieder Kontakt zum Großen Ganzen. Ich bin wieder ganz mit meiner Natur, mit DER Natur verbunden. Die Natur ist Liebe. Ich musste viel trainieren, meine Muster abzulegen und nicht andauernd zu kämpfen. Und was ich kann, kannst auch Du. Und was Du kannst, könnten alle Menschen können, die sich auf diesen Weg gemacht haben oder sich das Voranschreiten auf ihm von Herzen wünschen. Du bist eine Art Vorläufer. Bei uns wärst Du eine Leitstute. Einer Leitstute folgen andere gerne, weil sie sicher und mit gutem Beispiel voran geht. Sie hat die meiste Erfahrung in einer Gruppe. Von Dir gibt es viele. Sehr viele. Sie alle könnten anderen ein gutes Beispiel sein. Wenn ihr euch konkurrenzlos zusammen tätet, hättet ihr ein Netzwerk wie wir. Und könntet euch gegenseitig ermächtigen, stützen, bestärken und auffangen. In vielen unserer Herden gibt es mehrere Leitstuten und auch mehrere Leithengste. Das habt ihr nur noch nicht so sehen können, weil ihr der Meinung seid, dass eine Position immer von einem Individuum allein besetzt und ausgefüllt werden kann oder soll. Aber wie sollte das gehen, Tag und Nacht? Das geht in unserem Leben bei den Menschen nur, weil ihr uns einsperrt, abgrenzt, entzweit und entwurzelt und uns so auf gewisse Art und Weise vor unserer eigenen Verantwortung schützt. In eurer engen Haltung ist eine Herde schon gesegnet, wenn sie *einen* Fähigen für die Position hat. Nachts werden dann allzu oft alle getrennt voneinander in die

Boxen gesperrt. Dann hat das Pferd, das die Führung hat, keine Verantwortung mehr (wenn es sie loslassen kann) und kann selbst schlafen. Doch Natur ist das nicht. In der Natur teilen wir alles, auch die verantwortungsstarken Positionen. Und Führung wird immer gebraucht. In jedem Moment. Die Position der oder des Führenden braucht die stärksten Wurzeln. Die, auf denen die anderen mit stehen können.

Überlege, wie Du es anderen Menschen ermöglichen kannst, diesen Pfad zu gehen. Ihren eigenen Pfad, nicht meinen oder Deinen. Es geht ab jetzt nicht mehr um Dich oder das was Du schon geschafft hast in der Welt. Es geht um sie. Um alle, die zugunsten der Natur ihr Herz öffnen wollen. Es geht um alle, die der Natur wieder nah sein wollen und die sich danach sehnen, die Natur in sich selbst zu spüren. Erst, wenn sie ihre Natur wieder spüren, wenn sie bereit dazu sind, sie spüren zu wollen, fließt Liebe durch sie hindurch. Das wird ihre Einstellungen und ihre Entscheidungen verändern. Werdet Euch bewusst, dass ihr viele seid, dann scheint die Meisteraufgabe leichter und wiegt nicht so schwer auf den Schultern einzelner."

Ich: „Aber was sollte ich ihnen schon zeigen oder beibringen? Ich denke, die, die es nötig hätten, brauche ich nicht versuchen, zu lehren oder zu bekehren. Von ihnen würde höchstens Widerstand zu erwarten sein."

Llano: „Kein Pferd kann in der Natur ein anderes in seine Herde zwingen."

Ich: „Verstanden. Es geht also um Freiwilligkeit."

Llano: „Ja, Du kannst nur jene auf ihrem eigenen Weg unterstützen, die diese Unterstützung suchen und sie bedingungslos *wollen*. Du darfst Dich weder aufdrängen, noch kannst Du sie beeinflussen, denn dann wäre es nicht IHR Weg."

Ich: „Sie müssen sich also zu allererst entscheiden?"

Llano: „Korrekt. Und das müssen sie ganz allein aus ihrem ganz eigenen Lebenskontext heraus tun. Das tun sie, wenn die Zeit für sie reif ist. Dann entwickeln sie die Bereitschaft dafür. Dort hast Du Dich nicht einzumischen."

Ich: „Jetzt sehe ich, welche Bedeutung es hat, nichts zu tun und nichts zu sein."

Llano: „Warte. Das ist eine gute Übung. Schicke einfach die nicht weg, die Hilfe suchen. Hilf ihnen, sich zu klären. Genauso, wie Du hunderten von uns das gezeigt hast. Nutze Deine Erfahrung und verlasse Dich auf Deine Intuition. Dein Herz wird Dir die Richtung weisen."

Ich: „Kann meine Intuition den Unterschied erkennen, ob die Frau am Sonntag die für Dich Richtige ist?"

Llano: „Wenn Deine das nicht kann, meine kann es!"

Nach dieser Einheit muss ich wieder schlafen. Und essen. Immer, wenn Llano mir auf diese Art und Weise auf den Zahn fühlt, entsteht neben Klarheit vor allem eins: Hunger! Und es entsteht auch der Wunsch, ausgiebig zu duschen. Danach geht es von vorne los... Ich fühle mich wie in einem riesigen Reinigungsprozess und genieße, dass es mir für ein paar Tage nur um mich gehen darf. Was für ein Geschenk!

14.09.2019 – Vorbereitung ohne Verstand

Ich habe unheimlich viel und lange geschlafen. Als ich aufwache, fühle ich mich leicht schwindelig. Ich gehe zu den Pferden, um an die frische Luft zu kommen und meinem Kreislauf ein Geschenk zu machen. Als Erstes bedanke ich mich mit einem warmen Eimer voll Heucobs und Müsli bei Llano für seine stetige Begleitung. Das ist direkt so viel schöner, als auf mentaler Ebene. Er mustert mich aufmerksam, als ich zu ihnen komme, hat aber vorerst nur sein Futter im Kopf. Trotz der Situation, andauernd Zugang zu Heu und Weidegras zu haben, liebt er dieses Futter. Und ich glaube, er liebt es, es warm aufbereitet und persönlich gereicht zu bekommen. Absoluter Service. Er ist eben ein echter Kerl. Zwar in Pferdegestalt, aber ich habe noch kein männliches Wesen gesehen, das sich nicht gerne umsorgen lässt…
Da taucht er schon wieder mit seiner Stimme in meinem Kopf auf.

Llano: „Was ist mit morgen?"

Ich erstarre. Das hatte ich gerade ganz verdrängt. Morgen bekommt Llano ja seinen ersehnten Besuch! Da ist es wieder. Ich bemerke, wie der Verstand tatsächlich mal einen halben Tag ruhig war und mich mein Dasein hat genießen lassen. Zudem ist meine Körperkraft noch mit der Regeneration von der Operation am letzten Dienstag beschäftigt. Das trägt sicherlich dazu bei, dass gedanklich ab und an Pause ist und Ruhe einkehrt. „Hoffentlich kann ich das eines Tages auch ohne Operation", witzelt es zynisch in mir.

Ich: „Morgen gegen Mittag kommt eine Frau mit ihrem Mann. Mehr weiß ich über die beiden nicht."

Llano: „Wie schön. Dein Verstand hat aufgehört, ständig schon etwas zuvor zu interpretieren."

Er macht eine lange Pause. Heute scheint Faktentag zu sein, kein Philosophieunterricht. Ich bin irgendwie erleichtert, denn ich brauche mal so etwas wie Pause. Llano hat auch diese Gedanken schon wieder vernommen.

Llano: „Die hast Du bald. Die Pause. Dann kannst Du ganz in Ruhe alles auswerten, verinnerlichen und sacken lassen. Und dann abschließen. Und daran reifen."

Ich: „Wieso abschließen? Ich denke, dann soll es bald mit dem losgehen, was wesentlich ist?!"

Llano: „Das tut es von allein. Darum brauchst Du Dich nicht kümmern. Im Universum gibt es kein Vakuum. Wenn wir eines Tages hier ausziehen, dann kommt das Neue von ganz allein. Verlass Dich darauf. Du brauchst dafür nichts weiter zu tun. Es ist alles schon da. Es wird sich Dir zeigen, wenn es so weit ist."

Er schnaubt, leckt und kaut, tritt noch einmal schwungvoll gegen seinen Futtereimer, dreht sich dann um und geht. „Bis morgen!". Sehr eindeutig. Ich will heute nichts von ihm, er will nichts von mir und geht zielstrebig mit Molly zum Ende der Weide. Ich verstehe das wie eine klare Abgrenzung und beherzige diese. Das tut auch mir gut. Er hat recht. Ich brauche nicht ständig etwas tun.

14.09.2019 – Verantwortung loslassen

Am Abend, kurz vor dem zu Bett gehen, mache ich meine Hausaufgaben. Ich bitte das, woran ich glaube, mir zu helfen zu erkennen, ob die Frau, die morgen mit ihrem Mann kommt, die richtige für Llano ist. Ich bete und spüre eine Art Gewissheit, denn, wenn ich es nicht herausfinde, wird er es wohl tun. Oder sie!? Wie schön ist es doch, die komplette Verantwortung in dieser Sache auf alle beteiligten Schultern zu verteilen. Ich brauche die Antwort gar nicht selber finden, nur ein Drittel – mein Drittel. Ich kann die Zwänge und die Kontrolle in dieser Sache loslassen. Ich bin frei. Ich habe die freie Wahl. Ich kann mich jetzt verrückt machen – oder nicht. Mit dem Gedanken schlafe ich in Ruhe ein und

habe eine wundervoll traumlose Nacht. Meistens freue ich mich eher über Träume, in der Hoffnung, dass sie vielleicht eine Weisung für mich enthalten. Aber ehrlich gesagt habe ich in letzter Zeit genügend Weisungen von meinem großartigen Ratgeber und Lehrer bekommen. Ich bin auch mal froh, wenn sich Ruhe einstellt. Freude über Nichts. Und auch das ist neu. Und ich vertraue. Mehr denn je.

15.09.2019 – Begegnung mit Gabi und Matthias

Nach dem Aufstehen macht sich eine innere Unruhe in mir breit. Ständig taucht der Vorsatz auf: „Was ist, wenn…?". Ich beruhige immer wieder meinen Verstand und entdecke dann aufgeschlossen, wie ich doch vertrauensvoll in mir ruhe. Das Wesen in mir ist nämlich gar nicht aufgeregt. Es weiß. Es weiß, dass es egal ist, was heute geschieht, denn niemandem wird etwas passieren. Wir sind alle sicher. Und so harre ich aus, weiß auch nicht genau, wie ich die Zeit überbrücken soll, bis meine und Llanos Gäste erscheinen. Und dann ist es endlich so weit. Ein VW-Bus fährt zum verabredeten Zeitpunkt auf den Parkplatz und ich gehe einerseits gespannt, andererseits in mir sicher und geerdet hinaus, um meine Gäste zu empfangen. Als ich auf dem Parkplatz ankomme, ist die Frau schon ausgestiegen, ihr Mann sitzt noch auf dem Fahrersitz. Während ich ihr begegne, öffnet er die Tür. Unaufgeregt überlässt er uns Frauen den Raum, den wir jetzt brauchen.

Als ich ihr die Hand gebe, merken wir beide, dass wir wie eins sind. Wir begrüßen uns höflich, doch alles fühlt sich so vertraut an, dass weder sie, noch ich Worte haben. Eine unbeschreibliche, gemeinsame innere Ruhe tritt ein. Die gesamte Umgebung scheint wie still zu stehen. Das ist sie. Ohne zu wissen, warum sie die Richtige ist, weiß ich einfach, dass sie es sein könnte, und wahrscheinlich ist. Warum ist egal. Herzlich begrüße ich ihren Mann, während er noch im Wagen sitzt. Dann organisiert er noch etwas im hinteren Teil des Busses. Routiniert holt er seinen Rollstuhl heraus und klettert hinein. Ich staune.

Vor vielen Jahren hatte mein erster Lebenspartner einen schlimmen Motorradunfall, durch den er noch am Unfallort starb. Tief verzweifelt habe ich in der Folge dessen Llano aufgenommen. Ich brauchte Trost, Erdung und Hilfe. Ich war auf der Suche nach einem Lebenssinn. Den hat Llano mir wiedergebracht. Damals stand im Raum, dass, wenn mein Partner den Unfall überlebt hätte, er danach im Rollstuhl hätte sitzen müssen, mit Querschnittslähmung. Das war damals ein harter Schlag für mich. Mein Verstand hatte die Wahl zwischen der Akzeptanz, dass mein geliebter Mann gestorben ist und einer Alternative, dass er es überlebt hätte mit anschließender Querschnittslähmung. Damals habe ich über meinen Verstand beschlossen, die Sache so, wie sie war, als richtig und „besser" hinzunehmen, denn was würde ein fröhlicher Lebemann wie er noch von einem Leben im Rollstuhl haben?

Ihr Mann stieg also in seinen Rollstuhl mit den Worten, dass er eben noch sein Gefährt klarmachen müsse, um mit auf die Weide an der Oste zu fahren. Es wäre kein Problem, denn es mache ihm überhaupt nichts aus, denn das Leben im Rollstuhl sei nicht so schlimm für ihn, wie man als Betrachter vielleicht denken würde. Bamm, das saß. Ich hatte das Große Ganze um einen echten Hinweis gebeten, hier war, leibhaftig, echt und in Farbe. Ich wusste sofort tief in meinem Herzen, dass das dieser erbetene Hinweis war.
Jetzt würde es nur noch darum gehen, was Llano von den beiden hält.
Wir gehen und fahren also direkt zur Weide und müssen den Weg bis zum Offenstall hinter uns bringen. Tatsächlich ist das mit dem Rollstuhl auch überhaupt kein Problem. Da geht mir die neue Lehre dieser Situation auf. Wie vermessen ich doch gewesen war. Seit neunzehn Jahren quäle ich mich damit, ob der Tod meines Partners wohl so richtig war. Ich hatte die Situation bewertet und darüber geurteilt, nur, um Frieden zu finden. Doch jetzt musste ich mir eingestehen, dass es weder

richtig, noch falsch war. Es *war* einfach. Und ist nicht rückgängig zu machen. Und für diesen Mann war eine andere Option angedacht. Er verbringt sein Leben im Rollstuhl. Das ist sicher nicht immer leicht. Ich beginne die Wege des Schicksals endlich zu akzeptieren, ganz ohne darüber zu hadern. Ich wollte Frieden finden mit meinem veralteten Urteil. Doch ich muss mir heute eingestehen, dass weder wir Menschen, noch unser kleiner Verstand die Wege des Lebens wohl jemals werden verstehen können. Ich übe mich in Demut. Und dann kommen wir bei den Pferden an.

Llano lässt sich von der hinteren Weide nach vorn zum Stall rufen und kommt uns genüsslich kauend entgegen. Er sieht seine Bewerberin und geht direkt zu ihr. Er lässt sich begrüßen und schickt mir ein wohlig warmes „Da ist sie ja." Das stimmt mich ruhig und gewiss.

Wir verbringen mehr als zwei Stunden bei den Pferden. Ich zeige Gabi, was ich mit Llano wie praktiziere und zeige ihr einige Übungen im Round Pen. Matthias schaut zu. Molly betreut in der Zwischenzeit Matthias, lässt sich kraulen, untersucht aufgeschlossen und neugierig den Rollstuhl und verwickelt Matthias in ihre Bedürfnisse. Auch ihm scheint das zu gefallen. Er ist überrascht, dass er weder neben Llano, noch neben Molly irgendeine Form von Unbehagen oder Angst haben muss. Beide achten so vorsichtig und respektvoll seinen Raum, dass er sich zwischen ihnen gut fühlt.

15.09.2019 - Dem Spüren Raum geben

Gabi macht sich in der Zwischenzeit immer mehr Sorgen, ob sie dem viel wissenden Llano wohl gerecht werden würde. Er zeigt ihr unmittelbar stets seine Meinung über ihre Körpersprache und ihren Ausdruck und ich versuche alles für sie richtig zu dolmetschen. Llanos Stimme höre ich in der Zeit nicht. Er begegnet ihr als Pferd, sie ihm als Mensch. Das ist das, was die beiden auf jeden Fall haben werden, auch wenn ich nicht da sein werde, um zu dolmetschen. Auf ihr Pferd- und ihr Menschsein können und müssen sie sich dann berufen. Und dann müssen sie selbst Lösungen und Wege finden, um miteinander zu kommunizieren. Ich lasse sie allein im Round Pen sich anfreunden und miteinander üben und ziehe mich zurück. Immer, wenn sie nicht weiter weiß, macht sie eine Pause und versucht ihm andächtig zuzuhören. Sie interpretiert seine Körperbewegungen, mit denen er gekonnt auf jede ihrer Bewegungen zu reagieren weiß. Sie ist etwas überfordert mit seiner Klarheit, denn in solch ausdrucksstarker und von sich überzeugter Form hat sie bisher noch kein Pferd kennengelernt. Er reagiert auf sie – und wartet dann in Ruhe, was sie tut. Er scheint ein wenig zu schmunzeln, wenn sie sich anfangs noch mit Seil, Haltung, Mimik, Gestik schwertut. Das tut sie zum Teil, weil sie noch nicht so geübt ist, und zum anderen Teil, weil sie alles richtig machen will und sich von mir beobachtet fühlt. Das nehme ich zum Anlass, um in den nahen Bauwagen zu gehen, und ihnen Zeit und Raum zu lassen. Als ich wieder herauskomme, stehen die beiden nah beieinander und genießen gemeinsam ihr Dasein. Ohne etwas zu wollen. Ich horche, was Llano mir sagt und höre seine Stimme ungewohnt fordernd und entspannt.

Llano: „Sie weiß zwar noch nicht so viel wie Du über Pferde, aber das macht nichts. Das werde ich ihr zeigen. Sie hat das Herz am rechten Fleck. Mit ihr kann ich eins sein. Mehr brauchen wir nicht."

Er macht eine lange Pause. Er döst neben ihr und beide stehen da in einer tiefen, berührenden Stille.

Llano: „Was innere Ruhe angeht, bei sich zu Hause zu sein und zuzuhören, ist sie sehr weit. Weit im Sinne von sich weit öffnen können. Sie ist bereit, sich zu öffnen. Sie ist bereit, zu geben. Und sie ist bereit, zu nehmen, was ich ihr geben kann. Es gibt viel zu tun. Und es macht jetzt schon Freude. Sie kann anleiten, führen und Klarheit ausstrahlen. Aber sie weiß es noch nicht. Um sich dessen bewusst zu werden, hat sie ab jetzt mich. Ich werde es ihr zeigen. Dann kann sie noch mehr sie selbst sein. Sie hat viel durchgemacht. Sie ist ein guter Mensch. Und auch das spürt sie zwar schon, aber auch ihr Verstand gaukelt ihr etwas anderes vor. In mir findet sie die Ruhe, von der sie noch nicht weiß, dass es ihre eigene ist. Sie hat ein sehr reines, reifes und weises Wesen. Das gilt es zu bestärken, wie einst Deins."

Ich bin tief bewegt und freue mich für beide. Aber ich traue mich noch nicht, meiner Freude freien Lauf zu lassen. Schließlich muss ich Gabi noch interviewen, ob sie nach diesem starken Eindruck von Llanos Persönlichkeit überhaupt noch ein Pferd wie ihn will. Für mich persönlich wäre das keine Frage. Wenn ich mit einem Pferd schon beim ersten Mal der Begegnung so verschmelze, wäre es für mich klar, dass ich es aufnehmen wollen würde. Ohne Bedingung. Aber mein persönlicher Fokus und mein angestrebtes Ziel ist genau diese

Verschmelzung. Ich weiß nicht, welche Absicht Gabi mit dem Aufnehmen eines Pferdes verfolgt. Ich muss mich zurückhalten. Wie Llano mich gelehrt hat: Um mich geht es nicht.

Also gehen wir zurück zum Haus, alle tief bewegt, weil die Begegnung rundum schön war und irgendwie keine Fragen im Raum stehen.
Im Haus erzählt Gabi mir von ihren Bedenken, ihm vielleicht nicht bieten zu können, was ich ihm bisher geboten habe. Ich kann ihr offen sagen, was Llano mir dazu längst vermittelt hat. Sie ist davon tief gerührt, erbittet sich jedoch ein paar Tage Bedenkzeit. Das verstehe ich gut, denn Llano und ich im Doppelpack können eine ganz schöne Dröhnung sein. Einigen Menschen reichte dieser Impuls in den vergangenen Jahren, um für Wochen mit sich selbst zu tun zu haben und sich mit Themen zu beschäftigen, die im tiefsten Innern angeschubst worden waren. In den nächsten Tagen wird sich zeigen, ob sie sich der neuen Herausforderung gewachsen fühlt. Um sein neues Zuhause mache ich mir keine Sorgen. Es gibt noch eine starke Ponystute bei dem Paar vor Ort und einen zarten, jungen Wallach. Genau, wie Llano es schon wahrgenommen hatte. Llano ist sich also sicher, dass sie die Richtige ist, ich bin es ab dem Moment, ab dem sie es selbst begreift. Bei der Verabschiedung fragt sie mich noch um meine persönliche Meinung. Sie möchte wissen, ob ich es ihr zutraue, Llano zum Pferd zu haben. Ich erzähle ihr kurz und knapp, aber schonungslos von meiner Überzeugung.

> Ich: „Wenn Du es Dir zutraust, dann traue ich es Dir auch zu, denn dann wirst Du alles tun und lernen, was nötig ist, um ihm ein würdiges Gegenüber zu sein und ihm ein gutes Zuhause zu schenken. Wenn Du es Dir nicht zutraust, traue ich es Dir auch nicht zu, denn dann hast Du Angst, wirst gehemmt sein und

Fehler machen. Es steht und fällt mit Dir und Deiner Einstellung zu Dir selbst."

Damit kann sie etwas anfangen. Gabi und Matthias bedanken sich fast ehrfürchtig und treten ihren etwa zweistündigen Heimweg an.

Ich selbst bedanke mich beim Großen Ganzen für diese gut vorbereitete Begegnung. Und ich gehe zu Llano und bedanke mich bei ihm. Lässt er doch tatsächlich jemandem eine Chance. Damit hatte ich in den letzten Wochen schon fast nicht mehr gerechnet. Ich habe erst einmal wieder Zeit geschenkt bekommen, die neue Version einer möglichen Zukunft auf mich wirken zu lassen. Ich gehe abends ins Bett mit dem Gefühl, dass nun ausschließlich nur geschehen können wird, was richtig ist. Für uns alle.

16.09.2019 - Demütig auf die Entscheidung warten

Es ist Montag. Morgens auf der Weide schaut Llano mich fragend und gleichzeitig wissend an. Ich verzichte auf Worte und zucke mit klarem Blick nur lächelnd mit den Schultern. Nachdem er jedoch seinen Blick nicht von mir abwendet, sage ich innerlich:

> „Wenn sie es nicht ist, wer dann? Sollten sie Dich nicht wollen, bleibst Du hier!".

Ich fälle damit eine klare Entscheidung. Sie lässt uns beide ruhig und gelassen bleiben. Es kann nichts passieren. Der Verstand wird dadurch still.

Llano scheint innerlich zuzustimmen und frühstückt sein warmes Futter in Ruhe aus seinem Eimer. Wir scheinen es beide etwas Größerem überlassen zu wollen, was nun geschieht. Llano strahlt ein so großes Vertrauen aus, dass ich mich ihm umgehend anschließen kann. Ich spüre durch und durch ein großes Loslassen. Freude, Gewissheit und Wärme stellen sich ein und durchströmen all meine Zellen – und anscheinend auch seine.

Wieder zu Hause angekommen vergeht der Tag wie im Fluge. Gegen Abend mache ich mir langsam Gedanken, wie sich Gabi und Matthias wohl entscheiden werden. Ich setzte mir ein zweistündiges Ultimatum und verbringe die Zeit damit, alles aufzuschreiben. Wieder spüre ich dieses große Loslassen. Nach zwei Stunden rufe ich dann an, weil ich vermehrt eine innere Aufregung und deutliche Unruhe wahrnehme. Das sind nicht meine Gefühle, denn die kenne ich haargenau und weiß, wie sie sich anfühlen. Diese aufgeregte Unruhe wird zu einer anderen Person gehören...

Als ich Gabi dann anrufe, sagt sie sofort, sie plage sich schon eine halbe Stunde lang mit ihrer Aufregung, mich anzurufen. Sie scheint froh zu sein, dass ich die Situation einleite, sich mit mir zu unterhalten. Jetzt müssen wir uns beide stellen, ganz offen und aufrichtig. Sie erzählt mir von ihren Gedanken *pro* Llano, ist sich aber nicht sicher, ob sie ihm alles bieten kann, was er braucht. Schließlich stehe sie ja mit Reitpferden noch ganz am Anfang. Mit ihren Ponys kenne sie sich aus und fühle sich sicher, doch sie ist sich nicht ganz sicher, ob sie einem Reitpferd mit seinen Ansprüchen und Gewohnheiten gewachsen sei. Schließlich sei sie keine Tanja. Sie hat Sorge, dass Llano mich und meine Art mit ihm umzugehen vermissen wird. Ich kann ihr all ihre Sorgen nehmen, indem ich ihr sage, dass Llano sich sicher ist. Sicher, was sie beträfe. Und ich könne ihr so lange er lebt eine Patenschaft anbieten, aktiv oder still im Hintergrund. Sie könne sich bei allem, was ihn beträfe, immer an mich wenden. Ich bin die Patentante und Ratgeberin für beide Seiten im Hintergrund. Das nimmt ihr die letzten Sorgen. Wir verabreden uns freudig für den nächsten Sonntag, damit sie IHR Pferd besuchen kann. Bevor er einzieht, möchte sie noch ein paar Stunden mit ihm verbringen. So können wir es gemeinsam gewährleisten, dass er nicht zu einer fremden, sondern zu einer bekannten Person einziehen wird. Der Übergang in das neue Leben soll friedvoll, kooperativ und möglichst weich verlaufen. Sie traut sich also, zuzusagen und sich ihrer neuen Herausforderung zu stellen. Was für ein Segen.

Ab diesem Moment fühlt es sich in mir ganz besonders gut an. Wir haben eine gemeinsame, klare Entscheidung treffen können. Für einen Moment empfinde ich uns alle als sehr mutig! Wir alle verlassen gerade unsere geliebte sichere Komfortzone und sind bereit, uns auf etwas

Neues einzulassen, Menschen wie Tiere. Wieder durchströmt mich das warme Gefühl des vertrauensvollen, gewissen Loslassens. Ich WEISS, dass wir auf dem richtigen Weg sind. Und ich bin glücklich darüber, dass wir die Situation auf diese Weise entschleunigen können. So habe auch ich Zeit, mich mit dem Loslassen meiner Pferde zu beschäftigen. Danach wird auch für mich ein neues Leben beginnen. Ein Leben ohne eigene Pferde. Seitdem ich acht Jahre alt bin, kümmere ich mich täglich um Tiere. Seitdem ich zwölf Jahre alt bin, versorge ich täglich Pferde. Das sind insgesamt fünfunddreißig Jahre. Ich bin gespannt, wie es sein wird, ab dem Tag des Auszugs der Pferde nicht mehr mit dem Gedanken aufzuwachen, wer was, wann, wie benötigt. Es scheint, als würde ein neues Zeitalter beginnen. Das Tanja-Zeitalter. Ab dem Moment werde ich in meinem eigenen Mittelpunkt stehen. Das habe ich, ehrlich gesagt, nie erfahren. Ich habe mich mein Leben lang damit identifiziert, diejenige zu sein, die sich um andere kümmert. Immer gingen die Bedürfnisse anderer vor. Und stets war mir das sehr lieb und recht. Und nun? Wie geht das, sich um sich selbst zu kümmern? Ich habe keine Ahnung. Aber ich spüre deutlich meine innere Neugier, es zu erfahren. Ich habe Lust, mich auf den Weg zu mir selbst zu machen, es fühlt sich fast an wie ein Abenteuer. Sicherlich habe ich einiges zu lernen. Und wahrscheinlich werde ich eine Art Entzugserscheinungen haben, wenn der Raum mit Anforderungen von anderen nicht mehr gefüllt wird und ich auf mich selbst zurückgeworfen werde. Ich bin positiv gespannt. Sorgen? Habe ich nicht. Ich bin erfüllt von dem Wunsch, zu erfahren, wer ICH bin – abseits der Versorger- und Pflegerolle. Und ich spüre, wie dieser Wunsch täglich größer wird. Parallel dazu stellt sich ein paradoxes Gefühl ein. Ich bin an einem Punkt, an dem ich alles loslassen möchte und gewillt bin, mich selbst zu erfahren. Damit erfülle ich mir einen Traum. In der Mitte des Weges scheint sich alles in sein Gegenteil zu wandeln. Andere Frauen in meinem Alter sind jetzt, an diesem Punkt im Leben, in der Situation, dass sie sich endlich ihren Traum vom eigenen Pferd erfüllen wollen oder es ab jetzt erst verwirklichen können. Was die einen loszulassen gewillt sind, wollen die anderen haben. Ich stolpere kurz mit meinem Verstand darüber, welcher Weg richtiger ist und gehe noch einmal zu Llano rüber auf die Weide, um ihm direkt mitzuteilen, wie wir Menschen uns entschieden haben.

Llano steht an der großen Heuraufe und kaut gemächlich vor sich hin.

Ich: „Llano, weißt Du schon, wie wir uns entschieden haben?"

Llano: „Hm-hm. Schon den ganzen Abend."

Ich: „Ach ja? Ich weiß es erst seit einem Moment."

Llano: „Hm-hm. Weil Du Dich schon wieder auf Deinen Verstand eingelassen hast. Dein Herz weiß es auch schon länger, aber Du wolltest die Menschen-Gewissheit. Und die scheint ihr über den Verstand einzufordern. Vorher glaubt ihr nicht daran, dass das, was ihr wahrnehmt, schon wahr ist. Aber es ist schon gut, der Verstand gehört schließlich zu euch. Und er kann die Wahrhaftigkeit ganz schon durcheinander bringen, wenn er sich das vorgenommen hat. Es ist gut, wenn auch der Verstand einverstanden ist. Der Verstand ist die letzte Hürde auf dem Weg der Entscheidung."

Ich: „Erwischt. Schon wieder. Ja, stimmt. Das gesprochene Wort scheint wie eine Art Verbindlichkeit mitzubringen."

Llano: „Das ist nicht schlimm, schließlich bist Du ja ein Mensch. Du kannst nicht immer auf dieser durchlässigen Herzensebene sein, das überfordert Deinen Verstand. Das Herz braucht mehr Hingabe und weniger Energie, als der Verstand. Resultate mit Leichtigkeit zu erreichen, bist Du noch nicht gewöhnt. Man hat Dich anders geprägt. Du bist so geprägt, dass Du immer viel dafür tun musst, damit eine Sache gelingt. Außerdem hast Du oft die Erfahrung gemacht, dass Menschen nicht ihre innere Wahrheit sprechen."

Ich: „Ach ja? Das stimmt. Aber empfindest Du Menschen deshalb als Lügner, glaubst Du, das machen sie bewusst?"

Llano: „Eben nicht. Sie sind keine Lügner und sie machen das auch nicht bewusst. Sie sind nur noch nicht in Vollzeit selbstehrlich mit sich und halten sich an ihrem Verstand fest, der sie in der alten Komfortzone halten will. Viele Menschen haben ganz direkte, unmittelbare Gefühle und könnten im selben Moment Entscheidungen treffen, in dem sie die Situation durchleben. Wenn sie es dann aus der Perspektive ihres Verstandes betrachten, wie sie sich am liebsten sofort und unmittelbar entscheiden wollen würden, dann werden sie durch den Verstand ausgebremst. Und dann geschieht es, dass sie etwas ganz anderes fühlen und entscheiden, als sie sich wünschen. Sie wissen nicht, wem sie glauben sollen: dem Gefühl, dass dem Herzen entspringt oder dem Gefühl, in das ihr Verstand sie zwingt. Du weißt ja, welchem Gefühl zu folgen wäre?!"

Ich: „Dem des Herzens. Aber das ist nicht so leicht, weil wir Menschen ja noch mit anderen Bedingungen in unserem Leben im Kontext stehen. Wir müssen vernünftig abwägen, ob das, was wir uns wünschen, überhaupt realistisch umsetzbar ist. Auch für einen langen Zeitraum, nicht nur für den Moment. Es muss in unsere Vorstellung und in unsere Möglichkeiten von unserem Leben integrierbar sein."

Llano: „Das ist so. Ihr lebt auf zwei Ebenen gleichzeitig. Ihr lebt auf der einen Seite das, was das Umfeld und die Gesellschaft von euch erwarten, und auf der anderen Seite seid ihr daran interessiert und sehnt euch danach, ganz und gar natürlich, im Jetzt und unmittelbar wahrhaftig zu sein. Das ist ein Konflikt. Nur ihr Menschen habt diesen Konflikt. Je mehr ihr eure gesellschaftlichen Vorstellungen lockert oder euch davon löst, desto freier und natürlicher könntet ihr sein."

Ich: „Du hast so recht. Aber wir alle müssen für unseren Unterhalt sorgen, Geld verdienen, uns um gewisse Anforderungen im Leben kümmern und oft mit den Mitbewerbern konkurrieren. Da müssen wir schon mal Kompromisse machen."

16.09.2019 – Natürlich leben

Llano: „Hmmmm. Ich glaube, das ist ein Irrtum. Ihr traut euch nur noch nicht, ganz und gar ihr selbst zu sein. Wenn ihr ganz und gar ihr selbst wäret, würden auch ein Reichtum und eine

Fülle zu euch kommen. Die Fülle, die dann kommt und euch beseelt, ist euch nur anscheinend noch nicht so viel wert, wie die sogenannten Scheine im Portemonnaie. Wieso verlasst ihr euch nicht darauf, dass ihr lebensfähig seid und täglich eine Lösung findet. Oder eher: euch von den Lösungen finden lasst. Wenn ihr die Bedingungen eines Tages erfüllt, dann würdet ihr euch friedlich vernetzen. Und dann würdet ihr überleben."

Ich: „Als Pferd vielleicht. Jedenfalls als freies Pferd. Hier in Norddeutschland brauchen wir zumindest zum Übernachten ein Dach über dem Kopf, ein entfachtes Feuer im Ofen und etwas Warmes zu essen. Wir haben kein Fell, das uns wärmt, können von Ästen und Zweigen im Winter nicht satt werden und brauchen es trocken zum Schlafen, sonst werden wir krank. Das unterscheidet uns."

Llano: „Ich sehe, ihr habt um euer Dasein genauso einen begrenzenden Zaun gebaut, wie ihr einen um uns herum gebaut habt. Wir könnten auch hier im Norden überleben, jedenfalls einige von uns – die, die genetisch aus solchen Regionen stammen. Wir würden satt und rund in den Winter gehen und hätten genügend Reserven für die kalten, rauen und nassen Nächte. Wir würden vermutlich von hier abwandern, in wärmere, trockenere Regionen. Wir kämen schlank aus dem Winter und würden deshalb die sprießenden Gräser im Frühjahr gut vertragen. Jeden Tag gäbe es etwas mehr Gras, Kräuter und junge Triebe an den Bäumen. Unser Stoffwechsel würde sich mit den immer heller werdenden Tagen umstellen und es wäre uns ein leichtes, gesund trotz kräftigem Gras zu sein. Ihr würdet gut daran tun, wieder natürlicher zu werden. Ihr braucht

Reserven für den Winter, wie wir. Die müsstet ihr im Spätsommer und im Herbst sammeln und nicht gleich verzehren. Ihr müsstet nur wieder das tun, was eure Vorfahren getan haben."

Ich: „Unsere Vorfahren. Wenn man ganz weit zurückdenkt, dann kommen unsere Vorfahren gar nicht von hier. Sie kommen aus wärmeren Regionen."

Llano: „Wieder eine Parallele. Weißt Du noch, was Du mir erzählt hast, als Du von den Pferden in der Arktis zurückgekehrt bist?"

Ich: „Ich war erschrocken und irgendwie enttäuscht. Als ich losgefahren bin, um Pferd in arktischen Breitengraden kennenzulernen und dort zu helfen, war ich darauf eingestellt, wahrscheinlich ganz viele Pferde nordischer Rassen zu sehen. Aus jenen Rassen, die mit Leichtigkeit mit der Vegetation und der Witterung zurechtkommen, ohne sich arrangieren zu müssen."

Llano: „Und wen hast Du dort getroffen?"

Ich: „Araber, Lipizzaner, Friesen, PREs und nur zwei Isländer. Irgendwo habe ich auf einer Weide zwei Norweger gesehen. Der Anblick hat mich glücklich gemacht. Es schien ihnen sehr gut zu gehen – im Gegensatz zu den anderen."

Llano: „Und wie ging es den anderen Pferden?"

Ich: „Den Isländern und den Norwegern ging es hervorragend. Weder bei Wind noch bei anderem Wetter brauchten sie Unterstützung. Sie schienen trotz der arktischen Dunkelheit und der Kälte in ihrem Element zu sein. Alle anderen waren aufwändig zu versorgen, brauchten dicke, gefütterte Decken, ständig Kraftfutter, Heu ad libitum sowieso. Man musste sie täglich im Blick behalten, denn ein gesunder Zustand konnte sich binnen weniger Tage verschlechtern, wenn die Bedingungen nicht zu hundert Prozent erfüllt würden."

Llano: „Und was wärest Du für ein Pferd, wenn Du eins wärest?"

Ich: „Was für eine Frage! Ich kann mir vieles vorstellen. Aber nur, wenn ich dort leben dürfte, woher ich auch stamme. Denn ansonsten würde mir das ständige sich künstlich um Grundbedürfnisse kümmern zu aufwändig und somit zu anstrengend sein. Außerdem wäre wahrscheinlich ein Zaun um mich herum gebaut. Ich könnte mich also gar nicht meinem Gefühl gemäß selbständig mit dem versorgen, was ich wahrhaftig brauchen würde, sondern wäre darauf angewiesen, dass ein Mensch es sieht oder spürt. Meine Menschen müssten dann nicht nur umfassendes Wissen über mich, meine Art und meine Rasse haben, sondern auch über eine ausgeprägte Empathie verfügen, um es überhaupt wahrnehmen zu können. Und dieser Mensch müsste es überhaupt wahrnehmen wollen und Zeit haben, seine Erkenntnisse umzusetzen. Ehrlich gesagt würde es mir etwas Sorgen machen, ob mein Mensch über genügend Wissen verfügen würde, eine funktionierende Empathie besäße, Zeit und Geld genug hätte, heranzuschaffen, was nötig ist, um mich täglich zu versorgen und dann bestenfalls noch Lust hätte, dies alles zu tun. Und wenn ich jemanden hätte, der das tatsächlich selbstlos alles täte, dann würde ich ein schlechtes Gewissen haben, dass er all das für mich erledigen muss, obwohl ich es a) selber könnte (vielleicht sogar unkomplizierter und besser) und b) dass das ja bedeuten würde, dass er weniger Zeit, Raum und Engagement für sich und sein eigenes Leben über hätte. Es fühlt sich aus der Perspektive des Pferdes an wie ein gegenseitiger Zwang. Wenn ich mich als Pferd adoptieren und einschließen ließe, bringe ich den Menschen dazu, sich um mich kümmern zu müssen – ob er das täglich wollen würde, oder nicht. Ich könnte ihm keine Pause meiner Versorgung einräumen, da ich dann verhungern würde. Diese Form von gegenseitigem Zwang stimmt mich nachdenklich. Sollten wir überhaupt Pferde halten?"

Llano: „Selbstverständlich! Aber nur und ausschließlich jene von euch, die darin ihre Bestimmung sehen und ihre Erfüllung finden. Dich hat es auch einst sehr erfüllt. Du fühltest Dich auch dazu bestimmt. Genau, wie jetzt auch Gabi an dem Punkt ist. Deshalb ziehe ich gerne zu ihr. Ich helfe ihr, sich erfüllter fühlen zu können, als zuvor. Sie hat den ehrlichen Wunsch, mich aufzunehmen. Sie hat auch Angst, aber der Wunsch ist viel stärker. Du bist an einem anderen Punkt. Du hast den Faden von der anderen Seite aufgenommen. Dich würde es jetzt erfüllen, Dich gemäß Deiner Berufung um andere zu kümmern. Privat reicht es nun. Privat möchtest Du lernen, wer Du selbst bist. Gabi möchte auch wissen, wer sie selbst ist. Sie wählt nur einen anderen Weg als Du. Kein Weg ist besser oder schlechter als der andere. Es ist nur an der Zeit, dass Du die Aufgabe und die

Bestimmung, mich zu versorgen, nun ihr überlässt. Ich bin mir sicher, sie wird es hervorragend umsetzen. Und sie wird sich an dem erfreuen, was sichtbar wird. Dadurch kann sie ihre eigene Wirksamkeit und ihr gutes Herz ablesen lernen. Ihr Menschen braucht ein Gegenüber, an dem ihr euch spiegeln könnt. Ihr braucht die Bestätigung eures Selbst, ansonsten könnt ihr es nicht wahrhaben. Bestätigung und Anerkennung aus dem Außen erfüllt euch auf ganz unterschiedliche Weise. Dann könnt ihr eure Kraft, eure Wirksamkeit und eure Stärke erkennen. Alles ist genauso gut, wie es ist. Ich weiß längst, dass sie mich aufnehmen will. Ich weiß auch schon, dass ihr Wunsch größer ist, als die Angst zu versagen. Deshalb wusste ich schon bevor Du kommst und mir Bescheid sagst, dass sie mich aufnimmt. Ich bin längst mit Gabi verbunden. Schon lange. Sehr, sehr lange. Es braucht nur alles seinen irdischen Vorgang der aktiven Umsetzung. Und das braucht Zeit."

Ich: „Ja, das kann ich sehen. Ich hätte auch einfach warten können, bis Gabi so weit ist. Dann hätte sie mich angerufen, ohne dass ich sie mit meinem Anruf dränge, sich zu offenbaren."

16.09.2019 - Spiegelung in der Begegnung

Llano: "Du bist manchmal zu ungeduldig. Wenn Du Dir etwas in den Kopf gesetzt hast, das heißt, ab dem Moment, an dem Dir etwas bewusst geworden ist, willst Du immer alles sofort und unmittelbar umsetzen. Damit setzt Du Dich immens unter Druck.

Wie viele Menschen hast Du hierhin eingeladen, um mich anzuschauen."

Ich: „Ich weiß nicht mehr genau. Entweder waren es sieben oder es waren neun. Ach, jetzt fällt es mir wieder ein: Mit neun Menschen hatte ich Kontakt, sieben davon wollten kommen."

Llano: „Und von wie vielen wusstest Du vom ersten Moment an intuitiv, dass sie es nicht sind, die in Frage kommen?"

Ich: „Von sieben."

Llano: „Und wieso hast Du Dir nicht getraut, danach zu handeln?"

Ich: „Weil ich dachte, dass es nicht unbedingt um den Kauf ginge, sondern um eine Erfahrung. Auch für mich. Einige haben mit Dir in der Begegnung eine wichtige, nachhaltige Erfahrung gemacht, andere mit mir. Und ich mit ihnen. Ich habe viel über Menschen gelernt in der Zeit. Und alle haben sich am Ende bedankt, dass wir uns getroffen haben. Über eine Person habe ich mich aber geärgert und konnte im Nachhinein meine Gefühle kaum im Zaum halten. Von ihr habe ich am Eindeutigsten etwas gelernt."

Llano: „Was hast Du an und von ihr gelernt?"

Ich: „Sie hat mich wahrscheinlich gespiegelt. Mich und meine menschlichen Baustellen. Sie war mir, vor allem in inneren Aspekten von mir, die ich längst für überwunden glaubte, so sehr ähnlich, dass sie mich damit gepiesackt und wütend gemacht hat. Sie ist genauso bei Dir aufgetaucht, hat Dich umgehend analysiert, bewertet und über Dich geurteilt, wie ich es zu Anfang meiner Pferdekarriere noch gemacht habe. Ich habe mir das alles angehört, was sie zu sagen hatte und war über ihre Analyse zutiefst erschrocken. Und innerlich aufgewühlt. Und wütend."

Llano: „Was genau hat Dich wütend gemacht?"

Ich: „Na, es ging ja darum, ob sie Dich, dieses in der Anzeige stehende Pferd, kaufen und zu sich nehmen möchte. Sie war ein Gast. Sie war nicht geladen als Analytikerin, Klugscheißerin oder Ärztin. Sie war geladen als Mensch. Sie steckte aber mit Haut und Haar in ihrer Rolle fest. Sie hatte scheinbar ihr Herz ausgeblendet. Das ist mir früher auch oft passiert. Und ich hatte sie gar nicht um die Untersuchung meines Pferdes mit anschließender Diagnose gebeten. Ich weiß um Dich und Deine Situation. Und das hat mich besonders aufgewühlt. Alles, was sie sagte, wußte ich bereits. Doch nun stand ich da wie eine, der all das völlig entgangen war. Sie behandelte mich wie eine unwissende Pferdehalterin, die man aufklären müsste. Doch darum hatte ich gar nicht gebeten. Nur, weil ich eine Sache nicht ins Rampenlicht stelle, bedeutet das nicht, dass ich sie nicht bemerkt habe. Ich habe ihr nur einen persönlichen Stellenwert eingeräumt. Für diese Situation war die Erkenntnis nicht wichtig. Es ging ja erst einmal um das Arrangement einer Begegnung, um zu sehen, ob die Chemie stimmen könnte."

Llano: „Dann bringe auf den Punkt, worum es genau ging. Es sind drei Lehrstücke in einem."

Ich: „Ach Mensch, Llano! Müssen wir immer irgendetwas durchkauen? Kann ich nicht auch mal ganz entspannt Ruhe genießen?"

Llano: „Besser, Du wertest es aus. Erst dann ist es Dir bewusst, worum es geht und erst dann ist das Thema vollständig und kann abgeschlossen werden. Wir haben nur noch wenige gemeinsame Tage. Du kannst noch etwas lernen. Besser, Du nimmst mein Angebot an. Ich führe Dich nur in den Frieden. Mit Deiner Langsamkeit brauchst Du sonst wahrscheinlich noch ewig – oder umgehst die Themen einfach. Außerdem wirst Du sonst wieder wütend, wenn Dir wieder so eine Person begegnet. Und die Wut schadet nur Dir allein. Überwinde heute die Wut. Dann hast Du Frieden."

Er spitzt die Ohren und schmunzelt.

Ich: „In Ordnung. Ich stelle mich."

Ich muss einen Moment überlegen und mir die Situation wieder hervorholen. Dann wird mir klar, worum es geht.

Ich: „Also erstens: Sie ist in einer Rolle zur Besichtigung gekommen, die verstandesschwanger und nicht wirklich zum Anschauen eines Herzenspferdes geeignet war. Sie wollte analysieren. Der Verstand wog so schwer, dass sie gar nicht in der Lage war, zu fühlen. Vor allem nicht Dich. Sie hatte viel Wissen und ließ sich selbst keinen Raum für Empathie und Einfühlsamkeit."

Llano: „Goldrichtig. Wann wusstest Du das?"

Ich: „In dem Moment, als sie Dir gegenüber stand. Da war nur Bewertung, Verurteilung und Kritik. Es hat sie dominiert."

Llano: „Und was schließt Du daraus?"

Ich: „Sie wollte gar kein Pferd haben. Sie hatte schon genug Pferde. Sie wollte wichtig sein. Und vor allem wollte sie richtig sein. Sie wollte oder musste unbedingt ihre Kompetenz unter Beweis stellen."

Llano: „Wieder richtig. Was schlussfolgerst Du daraus über sie?"

Ich: „Am liebsten gar nichts, denn dann wäre ich, wie sie."

Llano: „Hervorragend! Was hättest Du früher über sie geschlussfolgert, als Du noch warst, wie sie?"

Ich: „Dann würde ich behaupten, dass sie sich in ihrem eigenen Lebenskontext nicht wichtig oder richtig genug fühlt. Sie braucht das Außen, um sich selbst oder wem auch immer zu beweisen, dass sie es drauf hat. Darunter könnte ein Gefühl von mangelndem Wert oder von minderer Bedeutung liegen. Aber ich wäre nicht die richtige Person gewesen, ihr das zu sagen. Ich hatte nicht den Auftrag, sie hat mich nicht darum gebeten. Das ist Punkt Nummer 2. Ich wollte an dem Tag nur die Frau sein, die ihr und Dir ermöglicht, sich zu begegnen. Möglichst wertfrei. Mit viel Zeit."

Llano: „Sehr gut!" Du bist schneller, als Du es Dir manchmal eingestehst. Weiter!"

16.09.2019 - Fremdbestimmung und Beeinflussung

Ich: „Ich habe, wie so oft, die Grenzen nicht gezogen. Ich habe bewusst darauf verzichtet, Grenzen zu ziehen, um sie als Interessentin nicht zu bremsen oder gar zu kränken. Ich wollte ihr Raum geben, wofür auch immer. Ich wollte höflich und nett sein. Und ich war neugierig, wohin das führen würde, wenn ich sie sich ausweiten ließe. Das ist mir in meinem Leben oft geschehen."

Llano: „Und wozu hat es geführt, in diesem Fall?"

Ich: „Sie fühlte sich von mir bemächtigt und hat diese Kraft grenzenlos ausgenutzt. Danach habe ich mich nicht gut gefühlt. Es hat ins energetische Chaos geführt, das nicht mehr zu bremsen war, sowie es ins Rollen kam)."

Llano: „Wie hast Du Dich gefühlt?"

Ich: „Dadurch, dass ich sie unbegrenzt bemächtigt habe, hat sie ihre Macht ausgenutzt und mehr und mehr Worte gewählt, die ich in meinem Wortschatz gerne vermeide. Es war unangenehm, ihr bedingungslos Raum zu lassen. Sie wurde nicht nur durch ihre eigene Macht, sondern auch gespeist durch meine, die ich nicht in Anspruch genommen habe und die sie deshalb von mir beziehen konnte, mächtiger. Sie schien energetisch immer breiter und fetter zu werden und alle Energien und jede aufmerksamkeit im Raum auf sich zu ziehen, wie ein Staubsauger. Am Ende war ich nur durch das Zulassen dessen total erschöpft und brauchte mehrere Tage, um mich von dem Kraftraub zu erholen. Es hat sogar körperlich wehgetan. Meine Nieren und meine Knochen taten danach weh. Ich hatte Kopfschmerzen. Meine Muskeln waren erschöpft. Aber ich wusste danach genau, dass ich ihr Dich niemals mitgeben würde. Sie kann mit Stärke, Macht und Kraft nicht haushalten und neigt dann zum Größenwahn. Sie verliert dann an Boden unter den Füßen und pflegt ihre Erdung nicht. Das bringt sie in ein großes energetisches Ungleichgewicht. Ich wünsche ihr, dass ihr das nicht eines Tages zum Verhängnis wird. Das ist jedenfalls nicht die nächste Halterin, die ich Dir für Deine Zukunft wünsche. Es hatte also auch etwas Gutes. Ich wusste, sie ist es nicht - und das wusste ich ohne Zweifel ganz genau."

Llano: „Konkreter. Hat SIE DIR Kraft geraubt?"

Ich: „Ja. Und Zeit."

Llano: „NEIN! Niemand kann Dir Kraft rauben, ohne Dein Einverständnis! Und auch keine Zeit. Du hast ihr Deine Kraft überlassen. Genauso Deine wertvolle, qualitative Lebenszeit. Das ist nicht natürlich. Du hast es geschehen lassen, dass sie Dich nicht sieht. Durch Deinen Rückzug konnte sie Dich weder in Deiner Kompetenz, noch Deine Persönlichkeit wahrnehmen. Du hast ihr sogar noch Aufmerksamkeit, also Energie, geschenkt. Diese Form von Höflichkeit ist nicht gesund für Dich, wenn Du sie nicht wieder begrenzt. Geben und Nehmen steht immer im Kontext zueinander, alles andere führt ins Chaos. Das würde mir als Pferd in der Herde nicht geschehen. Ich komme in eine Herde und zeige mich ganz. Dann weiß jeder, woran er ist. Das ist natürliche Grenzsetzung. Frei von falscher Höflichkeit, die Dir dann die Luft zum Atmen nimmt. Wenn Du schneller deutlich wirst, wenn Du Dich vom ersten Moment der Begegnung an nicht versteckst, sondern Dich in Deiner Vollkommenheit traust, Dich ganz zu zeigen, wird Dir das nie wieder geschehen. Das nennt ihr, glaube ich, Eindeutigkeit. In der Höflichkeit verschwimmen euch nur die Grenzen der Deutlichkeit. Dann seid ihr zwei- oder mehrdeutig. Das Gegenüber versucht Grenzen zu finden und ihr zeigt sie einfach nicht. Das ist auch eine Form von im Stich lassen. Wenn Du Grenzen gesetzt hättest, hättest Du nicht nur Dir geholfen, sondern auch ihr. Und mir. Uns allen wäre es danach besser gegangen, wenn Du Dich getraut hättest, zu Dir zu stehen. Es wäre egal gewesen, was sie danach von Dir gedacht hätte."

Er hat vollkommen Recht. Das klingt nach viel Erfahrung. Ich habe mit diesen unsichtbaren Grenzüberschreitungen auch viele Erfahrungen gesammelt, auf jeder Seite der Betroffenen. Deshalb habe ich mich einst mehr zurückgezogen in eine Art Komfortzone. Doch Rückzug war der Sache nicht dienlicher...

Ich: „Aber wenn ich schneller meine Persönlichkeit ausstrahle, dann wirke ich vielleicht einfältig, überheblich, arrogant oder unhöflich."

Llano: „Das sind Interpretationen. Warum hast Du Angst davor?"

Ich: „Zum einen habe ich das so gelernt. Und zum anderen möchte ich, dass man mich mag. Ich mag soziales Gefüge. Ich sehne mich nach Vernetzung mit anderen Menschen. Es bringt mir nichts, mich überlegen zu fühlen, wenn der Preis dafür ist, allein zu sein. Und ich sehne mich nach freundschaftlicher Wahrhaftigkeit."

Llano: „Die Vernetzung wirst Du haben, sowie Du Dich ganz zeigst. Du denkst falsch herum. "

Ich: „Und wenn meine Einschätzungen und Meinungen mal falsch sind?"

Llano: „Was ist denn daran wieder so schlimm?"

Ich: „Dann fühle ich mich vielleicht als Versagerin oder erscheine weniger kompetent."

Llano: „Na und? Wenn es Dir auffällt, dass Du falsch lagst, dann korrigierst Du Dich eben. Fehler machen ist natürlich. Es geht nicht darum, immer richtig zu sein. Es geht darum, dass Du Dich traust, Du selbst zu sein. Egal mit welchen Folgen. Das ist das innere Aufrichtig-Sein. Und Du wunderst Dich, dass der Rücken danach weh tut? Sei aufrichtig, vor allem Dir selbst gegenüber, handle nach Deinen eigenen Prinzipien. Dann brauchst Du Deinen Rücken nicht zwanghaft gerade und aufrecht zu halten. Das macht Dich steif und der Energiefluss geht verloren. Er stagniert. Und das tut natürlich dann weh. Gerade zu stehen heißt nicht, aufrichtig zu sein. Ihr Menschen könnt eine Weile körperlich aufrecht stehen, ohne seelisch zu euch zu stehen. Aber früher oder später hat das körperliche Folgen.

Doch eure Rücken würden es sofort rückmelden, wenn ihr wahre Aufrichtigkeit, echt und authentisch, durch euch fließen ließet. Dann zeigt der Körper sich mit Leichtigkeit aufrecht und gerade. Ohne Steifheit. Und ohne Schmerz. Und eure Energie würde wieder frei fließen."

Ich: „Dann kann ich allein durch meine Präsenz Grenzen setzen, so dass andere diese nicht mehr übergehen?"

Llano: „Korrekt. Du hast doch nur Furcht, Dich zu streiten. Du willst noch Harmonie um jeden Preis. Und Du möchtest anerkannt und gemocht werden. Das ist menschlich.
Und Du möchtest richtig sein. Das ist ein Proiblem. Denn so lange Du das möchtest, identifizierst Du Dich mit Deinen Erfolgen. Und mit Deinen Fehlern. Aber Du bist weder der Erfolg, noch bist Du der Fehler.
Erfolg und Fehler sind doch nur Resultate von etwas. Aber sie SIND niemals Du.

Auseinandersetzung schafft die Nähe, die Du brauchst und suchst. Kein anderer Mensch ist wie Du. Und Du brauchst Dich anderen nicht anzupassen, nur um dazu zu gehören. Hör damit auf und Du wirst eine unendlich tragende Gemeinschaft anziehen. Dann kannst Du Dich erleben, weil Du Du bist – nicht weil Du Dein authentisches Dasein vermeidest oder verheimlichst. Du bist gut! Natürliche Gemeinschaften wollen Dich dann WEGEN Deiner Individualität. Alles andere trägt eh nicht. Dann würdest Du sowieso eines Tages damit auffliegen, dass Du Dich verstellt hast. Das endet immer in Enttäuschung. Für beide Seiten. Und es ist sehr anstrengend."

Ich: „Danke Llano, für alles. Ich war im Grunde zu euch herüber gekommen, um Dir zu sagen, dass Gabi und Matthias zugesagt haben, Dich aufzunehmen."

Llano: „Ich konnte es spüren. Ich bin mit Gabi verbunden."

Ich: „Und weißt Du schon, dass sie in ein paar Tagen zu Besuch kommen?"

Llano: „Natürlich."

Ich klopfe ihm ein paar Mal stolz und dankbar auf die Schulter. Dann gehe ich zum Haus hinüber. Ich muss mir meine Notizen zum heutigen Unterricht machen… Llanos Lehre ist so wertvoll, dass ich nicht einen Satz vergessen möchte. Eines Tages werde ich alles in ein Buch schreiben, damit Menschen an diesem Verlauf und an seiner Lehre teilhaben können. Das verspreche ich.

22.09.2019 – Ein neues Führungsteam

Heute waren Gabi und Matthias bei IHREM neuen Pferd zu Besuch. Das wohl Bedeutsamste des heutigen Tages war, dass Llano kaum ein Wort während des Besuchs mit mir gewechselt hat. Er hat mich nur wissen lassen, dass er Gabi voll und ganz als Pferd begegnet, damit sie sich voll und ganz als Mensch wahrnehmen, fühlen und zeigen kann. Wir haben einen großen Spaziergang gemacht. Vorn gingen Gabi und Llano schnellen Schrittes, Matthias, Molly, Hund Mojo und ich folgten wie eine gute Herde. Wir ließen die beiden ziehen und Llano hat sich ganz gegen seine Gewohnheit nicht ein einziges Mal zu mir umgedreht. An den Kreuzungen haben die beiden manchmal auf uns gewartet. Aber sie hätten genauso gut von dannen schreiten können. Sie beide schienen miteinander wie aus einem Guss zu sein. Der gleiche Schwung im Gang, die weiten Schritte, der Blick nach vorn. Es gab nicht einen Moment des Zweifels. Ich habe das sehr genossen zu sehen.

Am Ende des Tages haben wir einen Schutzvertrag geschlossen und verabredet, wie Llano umzieht. Selbstverständlich ziehen Llano und Molly am gleichen Tag von hier aus. Wir wählten den dritten Oktober als Umzugsdatum. Dann könne ich Mollys neuen Menschen beim Einladen behilflich sein, gleich darauf würde Llano in seinen Anhänger steigen und dann reisen beide Pferde in ihr neues Leben. Mollys neue Besitzerin ist mit Pferden sehr geübt. Bei ihr weiß ich sie in den allerbesten Händen. Daher entscheide ich mich, nicht die junge Molly zu begleiten, sondern Llano in sein neues Zuhause zu bringen. Es fühlte sich richtig an, meinen Freund, Lehrer und weisen Ratgeber selbst zu überführen. Gabi und Matthias fiel ein Stein vom Herzen, als ich ihnen meinen Vorschlag unterbreitete. Darum, wie der Umzug vonstatten gehen sollte, hatten sie sich am meisten gesorgt. Sie hatten bis zum

Einzug noch einiges auf ihrem Paddock für ein so großes Pferd wie Llano zu optimieren und konnten sich so ganz in Ruhe auf den übernächsten Donnerstag freuen. Wieder spüre ich diese Gewissheit, dass alles genau so richtig ist.

02.10.2019 – Weisung der Bussarde

Heute habe ich ein besonders mulmiges Gefühl. Morgen ist es so weit. Ich weiß mit mir seit Tagen jeden Tag weniger anzufangen, gehe demütig meinen beruflichen Anforderungen nach, bin aber noch nicht wieder voll in Arbeit, da ich noch die Folgen der Operation auskuriere. Am Nachmittag stehe ich im Garten und mir ist zum Heulen. Einerseits weiß ich so genau, dass alles so richtig ist. Andererseits ist mir bewusst, dass eine gemeinsame Lebensphase mit den Pferden nun zu Ende geht. Ich stehe im Garten und fühle mich von den starken Wellen meiner Gefühle überwältigt. Llano hatte mir vor zwei Wochen den Hinweis gegeben, nicht alles über mich geschehen zu lassen, wenn ich mich ausgeliefert fühlen würde. Am besten wäre es, ich würde Position beziehen und ins Handeln kommen. Doch das ist leichter gesagt, als getan. Ich hatte seit der Operation keine Möglichkeit, zu heben, Paddocks abzuäppeln oder gar zu reiten. Doch heute wird mir bewusst: Es könnte der letzte Ritt auf Llano sein. Für immer. In dem Moment höre ich den durchdringenden Ruf eines Raubvogels über mir. Es klingt herausfordernd. So, als wolle er sagen: „Mach schon! Jetzt! Worauf wartest Du?" Ich schaue zu ihm auf.

Da erblicke ich fünf große Bussarde, Kreise über mich fliegend. Nach einer Weile fliegt einer ganz hoch hinauf, als wolle er einen Mittelpunkt kennzeichnen. Die anderen fliegen in alle vier Himmelsrichtungen geradewegs davon. Einer von ihnen ruft noch einmal eindeutig. Dann wird mir klar: JETZT! Jetzt muss ich los! Ich muss ins Handeln kommen. Ohne zu zögern gehe ich zur Weide. Ohne zu putzen sattle ich den ohnehin sauberen Llano, zäume auf, gehe mit ihm durchs Tor und reite im Schritt mit Obacht auf meinen noch zu regenerierenden Unterleib los. Es ist kein Problem und ich bin schon nach wenigen

Schritten voll und ganz mit ihm im Jetzt. Wir traben unsere Lieblingsstrecke entlang, biegen auf das nächste Stoppelfeld ab und galoppieren Meter für Meter rasanter von einem Feld über das nächste. Die Möglichkeiten scheinen endlos. Ich erinnere mich an ein uraltes Gefühl in mir, endlose Weite, Steppe. Ich bin mir nicht sicher, ob es mein Gefühl ist oder seins. Das ist auch egal, denn wir verschmelzen im Galopp zu einem einzigen Wesen und genießen in vollen Zügen, was IST. Jetzt. Hier. Nichts kann uns abhalten oder stören. Für einen Moment sind wir zu zweit vollkommen frei.

Im Galopp verknote ich die offenen Zügelenden, um meine Arme weit auszustrecken. Die Herbstluft streichelt mein Gesicht und ich schließe mit ausgebreiteten Armen die Augen. Wundervoll frei und wild fühle ich mich. Mein Verstand ist ruhig. Er kennt dieses Gefühl und weiß, dass mir nichts geschieht. Dann wird der Galopp ruhiger und wir traben freudvoll am Waldrand entlang. Über mir erscheint wieder ein Bussard. Ob das einer von denen ist, die mich aufgefordert haben, endlich zu handeln? Zum Glück haben sie das getan! Ansonsten weiß ich nicht, ob ich mich selbst hätte aktivieren können.

Zufrieden kommen wir nach eineinhalb Stunden wieder bei Molly an der Weide an. Sie scheint Llano nicht vermisst zu haben. Sie steht an der Heuraufe und nutzt die Gelegenheit, ohne Weisungen von ihm so viel fressen zu dürfen, wie sie nur kann. Molly frisst gerne. Doch meistens reglementiert Llano die Menge und sie darf dann neben ihm stehen und auflesen, was er fallen gelassen hat. Doch aufgrund einiger fehlender Zähne lässt er beim Heu fressen so einiges fallen. Ihr mangelte es niemals an Menge. Und das Reglement tat ihr von je her gut. Sie scheint seine Führung zu schätzen. Doch nun hat sie ordentlich reingehauen.

Zufrieden schaut sie zu, wie wir wieder an der Weide ankommen, wie ich absteige und absattle. Sie kommt kurz und holt sich ihre persönlichen Kuscheleinheiten ab. Über Molly gibt es ebenso viel zu berichten, wie über Llano. Doch das passt besser in ein eigenes Buch. Molly hat mir geholfen, mir meiner Intuition mehr und mehr bewusst zu werden. Auch von ihr habe ich viel gelernt und alles mitgeschrieben, was während unserer Begegnungen von höchster Bedeutung war. Trotzdem begegne ich sowohl Llano als auch Molly in meinem Alltag als Mensch, damit sie mir voll und ganz als Pferd begegnen können. Die mentale und geistige Ebene arbeitet zwar stets mit, steht aber nicht ständig im Vordergrund. Ich möchte Mensch sein. Endlich. Das habe ich vor allem Llano zu verdanken. Mit gutem Gefühl überlasse ich beide ihrer letzten Nacht auf dieser wundervollen Weide in ihrer kleinen Wildnis am Fluss. Morgen früh um zehn wird es so weit sein: Die Pferde ziehen aus. Ich überprüfe noch ein letztes Mal die längst getätigten Vorbereitungen für morgen, den Anhänger und die beiden großen Equipment-Berge im Bauwagen: einen für Molly und einen für Llano. Sie beide bekommen all ihr Equipment und ihr aktuelles Futter mit in ihr neues Zuhause. Ich stelle zufrieden fest, dass alles perfekt vorbereitet ist und kann selig nach Hause gehen.

03.10.2019 - Fahrt in ein neues Leben

Ich bin aufgeregt. Und tatsächlich habe ich gut und ganz in Ruhe bis kurz vor acht Uhr geschlafen. Heute ist *der* Tag. Schon vor dem Frühstück gehe ich hinüber zur Weide und schaue zu den beiden Pferden.

„Alles in Ordnung, wir sind in uns vollständig, klar und bereit für die Reise", hallt es mir am Weidetor vonseiten Llanos entgegen.

Sehr gut. Dann kann auch ich in Ruhe frühstücken gehen. Heute wird voraussichtlich ein langer Tag werden. Der Pferdeanhänger ist bereits angehängt, der Luftdruck der Reifen ist nochmals überprüft, das Heunetz für Llano ist gestopft, sein Equipment verstaue ich nach dem Frühstück auf dem Rücksitz und im Kofferraum. Das gehört noch alles der Vorbereitung an. Und dann beginnt die eigentliche Aktion.

Mollys Abholdienst fährt mit zeitlicher Punktlandung auf dem Vorplatz der Weide ein und nun ist auch Molly aufgeregt. Normalerweise ist sie die Ruhe selbst. Sie weiß, worum es heute geht. Auch mit ihr ist alles sozusagen „abgesprochen". Wir sind uns in allem einig. Molly wird für drei Jahre umziehen, um auf dem Gestüt während der Zeit zwei Mal Mutter werden zu können, wenn die Natur sich damit einverstanden erklärt. Während all dieser Zeit bleibt sie mein Pferd. Ich bleibe ihre offizielle Inhaberin, während sie auf dem Connemara-Gestüt in den Besitz der Leitung und damit in die volle Verantwortung des sehr kompetenten Leitungspaares übergeht. Alle freuen sich sehr darauf. Zudem hat sie ab dem ersten Tag dort vor Ort eine junge Pflege- und

Reitbeteiligung, damit sich jemand kontinuierlich persönlich um sie kümmert. Und das Beste: Ich bin jederzeit herzlich willkommen, um nach Molly zu schauen. Nach drei Jahren entscheiden wir dann gemeinsam, wie Sweet Mollys bestmöglicher Weg ab dem Zeitpunkt aussehen kann. Ich bin sehr glücklich über diese ungewöhnliche Chance, denn wer so ein Pferd wie dieses abgibt, muss verrückt sein – jedenfalls, wenn Pferdehaltung weiter zum eigenen Verwirklichungs-Konzept gehören soll. Ich selbst kann auf diese Weise testen, ob ich mit oder ohne eigenes Pferd leben möchte und meine Weichen selber ganz unabhängig stellen. Ich liebe diese Win-Win-Situationen!

Molly geht wie routiniert auf den Anhänger und beweist mir damit, dass sie absolut einverstanden ist. Danach bitte ich Llano in seinen häuslich eingerichteten Anhänger. Auch er geht ohne zu zögern hinein, ich schließe die Klappe hinter ihm und gemeinsam machen wir uns auf die Reise in sein neues Leben. Mein Mann begleitet und unterstützt uns. Es war mir ganz wichtig, dass er heute dabei ist, denn ich bin mir nicht ganz sicher, wie ich die Trennung verkrafte und danach die Rückfahrt schaffe. Immerhin kann es sein, dass die Trennung mir mehr Probleme bereiten könnte, als ich denke…

Vom Fahrersitz aus halte ich die gesamte Zeit einen Teil Aufmerksamkeit bei Llano. Von ihm kommt nur ein genüssliches Kauen und eine friedvolle Stimmung bei mir an. Immer, wenn ich ihn frage, ob alles in Ordnung ist, kommt nur ein entspanntes „Natürlich". Meine Fragerei scheint vollkommen überflüssig zu sein.

Wir kommen ohne Umweg und Stau nach etwa zwei Stunden bei Gabi und Matthias an. Sie erwarten uns voller Freude. Der Tag verläuft traumhaft und ich kann Llano gut bei ihnen in seiner neuen, kleine Herde lassen. Und das Marschgras? Das liebt er vom ersten Moment an. Bei uns an der Oste ist Sandboden und das Gras ist eher pferdegerecht etwas nährstoffarm. Manchmal reichte es ihm in der Vergangenheit nicht, sich über dieses karge Gras zu ernähren, deshalb musste ich verhältnismäßig viel zufüttern. Hier kann sich der weise Pferdemann mit kraftvollem Gras den Pferdebauch vollschlagen. Es wird ihm und seiner Konstitution aufgrund seines Alters gut bekommen. Mittlerweile hat sein Körper einen höheren Nährstoffbedarf als früher. Ganz ohne viele Worte trennen wir uns an dem Tag, nachdem wir einige Stunden immer wieder nach ihm geschaut haben, um zu überprüfen, ob er wahrhaftig einverstanden ist mit der durchgeführten Veränderung. Ist er, voll und ganz. Er sieht selig aus, so als ob er seinem Lebensplan nun wieder vollständig folgen kann. Llano ist auf seinem Weg. Als er aus dem Anhänger ausgestiegen ist, konnte ich schon sehen, dass wir ihn in aller Vollständigkeit „mitbekommen" haben. Oft verlieren Pferde durch das Verladen, den Transport, eventuelle Ängste und Verunsicherungen scheinbar einige seelische Anteile von sich selbst. Es ist, als ob die Seele nicht so schnell reisen kann, wie das Auto an Strecke zurücklegt. In meiner Tätigkeit mit Pferden habe ich schon oft erlebt, dass einige von ihnen nicht nur Stunden brauchen, um vollständig wieder bei sich anzukommen, sondern manchmal Tage oder gar Wochen. Das ist bei Llano nicht der Fall. Er sieht in sich ruhend, milde, selbstbewusst und kräftig aus, als wir den Hof an dem Tag verlassen. Mir gibt es das Gefühl von absoluter Bestätigung. In den nächsten Tagen werde ich die neu erweiterte Großfamilie in Frieden lassen, damit sie alle gut beieinander ankommen können, ohne, dass ich mich einmische. Ich bin jederzeit kontaktierbar. Und ich halte mich heraus. In zwei Wochen werde ich sie alle besuchen und schauen, ob ich ihnen dienlich sein kann. Das ist mein Plan.

23.10.2019 – Zu Besuch bei meinem Freund Llano

Jetzt sind nicht zwei, sondern drei Wochen vergangen. Letzte Woche wollte ich Llano besuchen, aber das Wetter war so stürmisch und regnerisch, dass wir den Termin noch einmal vertragt haben. Schließlich wollen wir alle etwas davon haben, wenn ich da bin. Und Gabi wünscht sich eine reiterliche Unterrichts-Einheit, um nicht gleich zu Anfang unnötige Fehler zu begehen, die sie danach wochenlang ausbaden müsste. Ich fahre also heute zu ihm und bin den gesamten Hinweg ganz gespannt. Ungefähr zwei Kilometer vor dem Hof überkommt es mich. Tränen überschwemmen meine Augen und ich kann gar nicht recht sagen, warum. Ich fühle mich gerührt, überwältigt, voller Vorfreude und habe, wieso auch immer, ein bisschen Angst. Llano bekommt das schon mit. Wir sind schon wieder „online", auf der Wellenlänge, auf der wir kommunizieren können. In den letzten Wochen ist es ruhig um mich geworden. Daran muss ich mich erst gewöhnen. Ich habe tatsächlich etwas Entzugserscheinungen und schrecke manchmal nachts aus dem Schlaf hoch, weil ich die Pferde heute gar nicht versorgt habe. Der Ritual-Bereich meines Verstandes scheint leicht überfordert zu sein. Verstehen, dass das Füttern, Versorgen, Kümmern, Pflegen, die Stallarbeit und Weidehygiene, das Heu organisieren und Futter kaufen, das Spazieren gehen und Ausreiten nicht mehr stattfinden muss, tut er noch nicht. Das macht aber nichts, davon war ich ausgegangen. Nach so vielen Jahren der Selbstverpflichtung darf auch der Verstand genügend Zeit bekommen, sich umzugewöhnen. Zweihundert Meter vor dem Haus höre ich Llanos Stimme in meinem Innenohr:

Llano: „Entspanne Dich, es ist alles gut."

Ich bin zutiefst gerührt, dass er Anteil an meinen Gefühlen nimmt. Ich weiß wieder nicht genau, sind es seine oder meine Gefühlswahrnehmungen? Schließlich sind wir verbunden…

Llano: „Es sind Deine Gefühle", kommt er mir ungewohnt sanft zuvor.

23.10.2019 – Die Abnabelung

Ich werde herzlich von Gabi und Matthias begrüßt und freue mich wie ein Kind, meinen alten Freund Llano zu begrüßen. Doch da kehrt recht schnell Ernüchterung in mich ein. Wir gehen zur Weide. Llano steht ganz hinten auf der Weide, sieht wundervoll genährt und rundum zufrieden aus und schaut mich kurz fragend an, als ich ihn mit meinem typischen Pfiff auffordere, zum Tor zu kommen. Er bewegt sich nicht einen Meter. Verständnislos stellt er ganz sachlich die Frage:

Llano: „Was willst DU denn hier? Du weißt doch auch auf die Entfernung, dass es mir gut geht. Es mangelt mir an nichts. Gabi sorgt hervorragend für mich. Du brauchst nicht hier zu sein. Und Du sollst mich nicht abholen."

Etwas überrascht entgegne ich ihm:

Ich: „Naja, ich wollte Dich halt besuchen. Und Gabi und Matthias."

Llano: „Brauchst Du nicht."

Ich: „Llano. Nicht so streng, bitte. Gabi hat mich gebeten, sie etwas zu unterrichten. Und ich wollte das mit einem Besuch bei Dir verknüpfen."

Llano: „Brauchst Du auch nicht. Ich kann ihr alles direkt zeigen. Sie hört gut zu, wenn ich ihr etwas zeige."

Ich: „Aber sie möchte sicher sein, dass sie Dich richtig versteht. Ich komme heute nur, um ihr in die Sicherheit zu helfen. Dann seid ihr ganz bald selbständig und unabhängig von mir."

Llano: „Ich mache mit ihr und mit Dir heute *nicht* dieselben Aufgaben, die ich jahrelang in der Pferdeschule mit Neulingen machen musste. Das ist vorbei. Dessen bin ich satt. Das ist für mich vollständig abgeschlossen. So hast Du es mir auch versprochen. Wenn wir etwas machen, dann sicher nicht diese Gehorsamsübungen zwischen Pferd und Halter. Ich will nur noch echtes Leben. Keine Lektionen, die abgespult werden. Die sind innen hohl, jedenfalls für mich. Und für Dich auch, falls Du es noch nicht bemerkt haben solltest."

Ich überlege einen Moment, was ich ihm, Frieden stiftend, anbieten kann. Er macht einen sehr entschiedenen Eindruck. Ich weiß, dass ich, wenn ich ihn mit solcher Art Horsemanship-Übungen belege, er zwar gelangweilt mitmachen würde, aber nicht von Herzen. Und ich weiß auch, dass es seiner Stimmung nicht wirklich zuträglich ist, etwas mit ihm zu machen, gegen das er sich so eindeutig entschieden hat. Die Folge davon wäre nur, dass auf eindeutig *eindeutiger folgt.* Und das wollen wir alle nicht. Und das ist auch gar nicht nötig. Wir können Llanos Wünsche einbinden und akzeptieren, wenn er sich schon so klar äußert. Schließlich wünschen wir uns alle Gemeinschaft, und dabei darf besonders das Pferd nicht übergangen werden.

Ich: „Wie wäre es denn mit Ausreiten?"

Llano: „Ausreiten wäre in Ordnung. Aber dann reitet sie, nicht Du. Sie ist nun mein Mensch."

Ich: „Selbstverständlich. Ich bin heute nur die Assistenz. Dich zu reiten macht für mich gar keinen Sinn. Natürlich reitet sie!"

Llano: „Das ist beruhigend. Du weißt ja: Ab jetzt geht es nicht mehr um Dich. Es geht um Gabi. Und eines Tages um Matthias. Ich mache gut mit, wenn Du nur übersetzen hilfst und sie in den Angelegenheiten anleitest, in denen sie sich noch nicht alleine traut. Alles Weitere können wir dann selber. Die Beziehung und das Reiten müssen sich auch entwickeln dürfen. Das braucht Zeit. Früher oder später kann sie alles alleine. Im nächsten Herbst galoppieren wir hier über die Felder. So lange wird sie brauchen. Und das darf sie auch. Beschleunige sie nicht. Sie hat ihr eigenes Tempo. Und sie darf ihre eigenen Erfolge haben."

Ich bin ziemlich überrascht über Llanos etwas kühle Klarheit. Doch so weiß ich, wie ich dran bin und was meine Aufgabe sein wird – und was nicht. Ich kann mich gut in der Rolle der Assistentin sehen. Und letztendlich bin ich froh, dass Llano sich so eindeutig zu Gabi bekennt. Ich werde tatsächlich von ihm nicht mehr gebraucht und kann in die nächste Stufe meines eigenen Loslassens übergehen und alle Sorgen fallen lassen. Viel schlimmer wäre es für mich gewesen, wenn ich dort ankäme, und er mir zeigen würde, dass die Entscheidung falsch war oder er Heimweh hätte. Hat er nicht. Er ist vollkommen einverstanden mit der Veränderung und scheint eher Schwierigkeiten damit zu haben, dass sich der vergangene und der neue Lebensbereich durch meinen Besuch etwas überschneiden. Und er scheint fast ein bisschen in Sorge zu sein, dass ich ihn zurückholen wollen würde. So, wie er mit mir umgeht, ist für alle Seiten alles eindeutig und klar. Das fühlt sich nach kurzem Innehalten ganz wunderbar an. Nach einem traumhaften Ausritt, den ich zu Fuß begleite und Gabi allerhand Technisches zum Reiten erkläre, kommen wir nach sechs Kilometern wieder zu Hause bei ihnen an. Llano ist still und sehr zufrieden.

Llano: „Bist Du jetzt soweit?" fragt er mich wieder.

Ich fühle mich Monate zurück versetzt.

Llano: „Du hast viel Wichtigeres zu tun, als nun andauernd hierher zu kommen. Lass Dich auf Dein neues Leben ein, da kommt inhaltlich etwas Neues für Dich, sowie Du mich ganz losgelassen hast. Etwas, dass Du Dir schon immer gewünscht hast. Und dann geh Deinem Weg nach, ganz ohne Kompromisse. Folge Deiner Intuition, sie wird Dich leiten. So viele Pferde und Menschen brauchen Dich noch. Du musst Deine Zeit nicht für uns aufwenden, wir können das hier jetzt ab diesem Tag allein."

Ich: „Das werde ich tun. Hast Du noch einen Tipp für mich?"

Llano: „Natürlich. Einen letzten."
Ich horche gespannt.

23.10.2019 – Eine erfüllende Beziehung mit sich selbst führen

Llano: „Ab jetzt ist es notwendig, die Kommunikation und die Beziehung zu mir zu unterbrechen. Du kannst mich mit gutem Gewissen Gabi und Matthias und vor allem mir selbst überlassen.

Du sollst ab jetzt jeden Moment mit Dir selbst in Kontakt sein, mit Deiner Intuition, Deinem Bauch, mit Deinem Herzen. Du sollst nun gut für DICH sorgen, eine gute Beziehung zu DIR führen. Dann bist Du frei und kannst Deinen wahren Träumen nachgehen. Ganz tief in Dir wirst Du etwas finden, mit dem Du so kommunizieren kannst, wie mit dem in der Tiefe meines Wesens. Es ist DEIN WESEN. Dein wahrhaftiges Wesen. Das ist Dein Weg. Wenn Du beginnst, mit dem Kern Deines Wesens zu kommunizieren, dann kommunizierst Du mit einem Teil der alles durchfließenden, liebenden Quelle. Wenn Du auf sie hörst, dann führt sie Dich in Deine weitere Berufung. Und nun geh. Es ist Zeit."

Ich: „Das klingt zu schön, um wahr zu sein. Aber werde ich noch weiter mit Pferden arbeiten? Das erfüllt mich so, Menschen und Pferde zu lehren und sie in ein erweitertes Wissen und Bewusstsein zu führen, dass ich mir nicht vorstellen kann, darauf zu verzichten."

Llano: „Natürlich. Du kannst das praktizieren, so lange Du willst. Du bist frei. Und schließlich haben wir Dich nicht all das gelehrt, damit Du es jetzt hinter Dir lässt. Aber wir haben Dich von uns befreit, damit Du es ab jetzt frei und unabhängig tun kannst. Du hattest die Chance zu reifen. Du sollst nicht weiter einer Tätigkeit als Tagesgeschäft nachgehen, sondern hast die Chance, zu horchen, wonach der Ruf Deiner inneren Stimme sich sehnt. All das, wonach Du Dich sehnst, kannst Du ab jetzt tun. Du hast keine Verpflichtungen mehr, außer denen Dir selbst gegenüber. Du bist frei von Abhängigkeiten. Natürlich darfst Du mich besuchen. Aber Du musst es nicht. Ich lasse Dich heute frei. Ab jetzt darfst Du Dich fühlen wie ein Urpferd in der Steppe. Du kannst jederzeit entscheiden, was für Dich wichtig ist und danach handeln. Du sollst dabei nur das Wichtigste nicht vergessen!"

Ich: „Das da wäre?"

Llano: „Lehre andere, wie ich Dich gelehrt habe. Kommuniziert miteinander. Gehe mit anderen in das tiefe Gespräch, höre ihnen zu und sprecht über diese starken Prozesse. Hilf ihnen, wenn sie sich entwickeln und auf ihre eigene Art erwachen wollen. Zeige ihnen, dass das Erwachen ein Prozess ist, der mitunter schmerzt. Aber es ist gut so, dass all das, was verdrängt wurde, sich so deutlich zeigt. Es gehört dazu, um sich davon zu lösen. Vermittle ihnen, was danach kommt. Wenn sie all ihren Schmerz angenommen und ihre Ängste überwunden haben, können sie in der Erfüllung ihrer selbst leben, anstatt stets ihrem Glück hinterher zu jagen. In der Kommunikation geht es nicht um Dich – es geht um SIE. Hilf ihnen, den wahren, tiefsten, innersten Kern ihres Wesens zu entdecken. Zeige ihnen, wie sie sich erden können, um die Geschenke des Himmels auf den

Planeten Erde zu holen. Der Himmel kann auf Erden sein. Hilf ihnen, ihren Pfad zu sich selbst zu finden. Führe sie in ihre Mitte. Hilf ihnen, ihre Fragen zu beantworten. Und hüte Dich vor dem Ego. Dein Verstand – und ihrer – werden immer wieder in den Widerstand gehen und einen Wettstreit anzetteln. Du tust gut daran, das rechtzeitig zu erkennen. Löse Dich vom Kampf und lebe, was Du sein willst und bist. Du wirst dann umgehend bemerken, wenn Du von Deinem Pfad abkommst und daraufhin fremde Energie Dich von Dir und Deinem Vorhaben ablenkt oder Dich manipuliert. Dann nimm Dir drei Tage Zeit und finde zurück zu Dir und Deinem Zentrum. Sei immer gut zu Dir, versorge Dich gut und sei in Gesellschaft Deiner wohlwollenden Mitmenschen. Treffe Entscheidungen, wer dazu gehört und wer nicht. Finde Deinen inneren Kreis, Deine seelische Familie. Dann geh' endlich feste und verbindliche Bindungen ein. Dann bist Du frei!"

Llano geht zwei Schritte rückwärts und ich tue es ihm gleich. Ich falte meine Hände vor meinem Herzen und verbeuge mich dabei leicht und voller Demut und Dankbarkeit vor ihm. Ganz konzentriert und in vollkommener Ruhe. Vor jedem menschlichen Lehrer hätte ich das jetzt auch tun wollen. Llano ist so klar und geradlinig mit mir, dass ich mich etwas überfordert fühle mit dem, was er mir über mich sagt.

So beginne ich also heute meinen neuen Lebensauftrag: Ich höre auf meine innere Stimme und handle danach. Konsequent. Mir ist in diesem Moment egal, was jemand von mir denkt. Gabi und Matthias scheint dieses Verhalten meinem ehemaligen Pferd gegenüber nicht zu überraschen, ganz im Gegenteil. Es stellt sich das Gefühl ein, dass sie es als angemessen empfinden, mit welcher Achtung ich Llano zuhöre und behandle. In ihren Blicken erscheint Güte. Wer weiß, vielleicht habe ich hier vor Ort schon zwei Menschen gefunden, die mir auf meiner Wellenlänge entsprechen und mit denen ich in Zukunft in Kontakt stehen werde – ganz unabhängig von Llano. Dass die drei (und mit den anderen Tieren ja noch viel mehr) jetzt vereint sind, erfüllt mich und mein Herz mit einem warmen, vollständigen und glücklichen Gefühl.

Und falls ihr es jetzt lest, Gabi und Matthias:

Ich wünsche Euch von Herzen alles, alles Gute!

Danke, dass es Euch gibt und ihr
zum richtigen Zeitpunkt aufgetaucht seid!

Nachwort

Ich schätze mich sehr glücklich, Ihnen als Leser diese tiefen Vorgänge zwischen mir und meinem besonderen Freund Llano schildern zu dürfen. Und bin glücklich, dass Sie bis hierhin gelesen haben. Mit etwas Glück ist in Llanos Lehre und in meinem Weg auch für Sie persönlich etwas enthalten, das noch mehr Licht, Bereitschaft und Fülle in Ihr Leben bringen wird. Ich lade Sie ein, ab und an dieses Buch erneut aufzuschlagen und zu schauen, was es Ihnen an dem Tag für ein Thema offenbart. An mir selbst zu arbeiten, auch oder gerade durch die strenge Leitung von Llano, erfüllt mich bis heute sehr und hat mich einen großen Schritt vorwärts gebracht. Eben dies bleibt mir nun nur übrig, Ihnen von Herzen zu wünschen. Ich möchte dieses Buch abschließen mit einer kleinen Geschichte:

Eines Nachts wachte ich aus einem Traum auf, der mir genau an dem Tag, an dem ich Llano in seinem neuen Zuhause sicher und gut angekommen wusste, wieder einfiel... Damals, als ich diesen Traum träumte, war mir noch nicht klar, wie viel Wahrheit und Weisheit er enthielt. Ich brauchte Jahre um zu erkennen, dass er den Wandel, in dem ich mich befand, eingeleitet hat.

Nachdem ich am 23.10.2019 abgefahren war, stand ich wartend an der Fähre, als die Bilder erneut in mir aufstiegen. Wahrscheinlich „Zufall!" ;-)

Rückblick: 30.04.2015 - Der Traum

In diesem Traum kam ein mittelgroßes Pferd zu mir galoppiert und hielt rechts neben mir inne. Es war ein wunderschönes Pferd, kohl- und an den Flanken sandfarben, mit üppiger, dunkler, wilder Mähne. Nicht jeder hätte seine Schönheit bemerkt. Die vom Wetter gegerbte Haut, einige alte und einige neuere Narben, ein Pferd, vom Leben gezeichnet. Es hatte einen auffordernden, ungezähmten, aber liebevollen und damit alles durchdringenden Blick. Wissend schaute es mich an und berührte mich mit diesem Blick tief in meinem Herzen.

Ich lauschte in die Begegnung hinein. Dieses Pferd bot mir an, mich mit der rechten Hand fest in seiner Mähne festzuhalten und auf keinen Fall loszulassen.

Das tat ich. Dann gingen wir nebeneinander her, ich links, es rechts von mir. Wir wurden immer schneller, trabten, wurden noch schneller, galoppierten und sprangen nebeneinander mit Leichtigkeit und ohne lange zu überlegen, voller versammelter Kraft gemeinsam über einen riesigen Zaun.

Der Zaun war aus kräftigen Holzbohlen gebaut. Während des Sprungs über den Zaun schaute ich kurz nach unten, um mir zu vergegenwärtigen, in welcher Höhe wir uns befanden. Kurz war ich zutiefst erschrocken, da ich ja neben dem Pferd lief und sprang – und nicht auf ihm sitzend. In dieser Höhe wurde es mir mulmig in der Magengrube. Es erschien wie von Menschen unüberwindbare zehn bis fünfzehn Meter hoch zu sein. Unten am Zaun war es felsig und Geröll lag herum. Die Verletzungsgefahr schien sehr hoch.

Dann setzten wir aber schon geschmeidig auf dem Boden auf der anderen Seite des Zauns auf, galoppierten nebeneinander aus, trabten, schritten und kamen gemeinsam zum Stehen.

Wir standen vor einem schönen kleinen Fachwerkstall mit einer kleinen überdachten Veranda. Es schien gemütlich und warm dort. Eine Rose mit orangefarbenen Blüten wuchs neben der Tür. Ich fühle mich an diesem Stall sehr zu Hause. Die Abendsonne schien und tauchte alles in weiches Licht. Aus meinem Herzen wurde jede Enge verdrängt und durch Weite ersetzt. Es schlug kraftvoll, friedlich und ruhig.

Ich danke dem Pferd, klopfe ihm stolz und kraftvoll auf den muskulösen Hals und sagte begeistert zu ihm: **„Nun haben wir Dich da endlich raus…!"** (und bin still ein bisschen stolz auf mich selber und meine gute Arbeit, es endlich geschafft zu haben, das Pferd aus dem Inneren des unüberwindbar scheinenden Zauns befreit zu haben…).

Und es erwidert sanftmütig, geduldig und wissend:

„ Mich?… - … DICH!"

In tiefer Dankbarkeit gegenüber dem Wesen der Pferde – dem
EINEN und jedem einzelnen:
– IHR habt es geschafft!

Tanja

Mein Dank

Von Herzen möchte ich an dieser Stelle allen danken, die mir
* *während meiner Weiterentwicklung,*
* *in dieser Zeit des Aufschreibens dieser besonderen Gespräche,*
* *in der Zeit des Zweifelns, ob ich diese sehr persönlichen Weisungen*
  von Llano überhaupt veröffentlichen sollte,
* *in der Zeit der Verunsicherung, ob ich meinen Freund richtig verstehe,*
unumstößlich beigestanden haben. IHR seid mein Fels in der Brandung!
Daher geht mein Dank besonders an Llano, Heiko, Cheyenne und Mojo,
Sweet Molly, Jana, Bruni und Janka. Für alle Fragen zu Korrektur danke ich
Sigrid Neef.

Nicht zu vergessen danke ich dem Großen Ganzen für das Geschenk meiner
Wahrnehmung, meines Vertrauens in meine sich stets erweiternden
Fähigkeiten und die Zustimmung der vielen Pferde und Menschen, deren
Weg ich begleiten darf. Durch Euch kann ich sein, wer ich bin und tun,
wozu ich mich vollkommen berufen fühle.

Der größte Dank gilt jedoch meinem geliebten Freund Llano - wo auch
immer er gerade ist, und was auch immer er gerade tut. Niemals war er
mein Pferd, stets gehörte er sich selbst. Durch ihn konnte ich erneut lernen
und mich an uraltes, tief verborgenes Wissen erinnern. Er hat mich gelehrt,
einem Wesen Achtung, Würde und Respekt zu schenken – und anzunehmen,
es bei jeder erdenklichen Begegnung von ihm wohlwollend zurück zu
bekommen. Für mich ist Llano ein wahrer Meister unter allen Meistern. Von
und mit ihm habe ich gerne gelernt. Llano gab mir den Mut und die
Zuversicht, mich mir selbst und dem Leben in all seinen Facetten und
Lektionen zu stellen.

Aho mitakuye oyasin – DANKE! – Für all meine Verwandten!

Über Tanja von Salzen-Märkert

Tanja von Salzen-Märkert sprach in der magischen Zeit ihrer Kindheit wie wahrscheinlich alle Kinder mit Wesenheiten und Tieren. Durch das Leben zwischen vielen Tieren hat sich ihre Gabe von Anfang an gefestigt und sich als ein selbstverständlicher Bestandteil ihrer selbst etabliert.

Im frühen Erwachsenenalter schlief die Gabe schleichend ein und wurde dann direkt und unmittelbar durch den plötzlichen Tod eines geliebten Menschen neu zum Leben erweckt.

Durch besondere Begegnungen und mit Hilfe unterschiedlichster weiser Lehrer aus verschiedenen Kulturen hat sie es geschafft, ihre Fähigkeit als Gabe anzuerkennen und sie als das tragende Fundament ihrer Berufung zu sehen. Heute arbeitet sie als Pferde-Mensch-Coach, vermittelt zwischen den Welten, und führt Tiere und Menschen zurück auf ihren eigenen Weg für ein gelingendes, glückliches und vor allem natürliches und gesundes Leben.

Seite 205

Weitere Bücher und e-Books von Tanja von Salzen-Märkert

„Den Pferden zuhören – Der Weg zur Achtsamkeit",
erschienen 2015 im Crystal Verlag

„Zwischen Himmel und Herde – Von der Natur der Pferdeseele",
erschienen 2016 im Crystal Verlag

„Das Erwachen der Intuition – Der Weg der Pferdefrauen",
erschienen 2019 bei epubli

„Die Kunst des Loslassens – Von der Meisterschaft in der
Pferdebegegnung", erschienen 2019 bei epubli

ISBN 978-3-7502-6561-5

www.epubli.de